项目资助：
- 湖北省区域创新能力监测与分析软科学研究基地开放基金项目（HBQY2017z05）
- 湖北省技术创新专项（软科学研究类）项目（2017ADC005）
- 中央高校基本科研业务费专项资金资助项目
- 武汉市软科学研究计划项目（2017040206010240）

长江中游城市群创新驱动发展战略研究

主　编：易　明

副主编：杨丽莎　李　霞　张座铭

参编人员：高　璐　俞艳霞　付书科
　　　　　彭甲超　邵红梅　程晓曼

中国地质大学出版社
ZHONGGUO DIZHI DAXUE CHUBANSHE

图书在版编目(CIP)数据

长江中游城市群创新驱动发展战略研究/易明主编. —武汉:中国地质大学出版社,2017.9
ISBN 978-7-5625-4089-2
Ⅰ.①长…
Ⅱ.①易…
Ⅲ.①长江-中游-城市群-城市发展战略-研究
Ⅳ.①F299.275

中国版本图书馆 CIP 数据核字(2017)第 195398 号

长江中游城市群创新驱动发展战略研究		易　明　主编
责任编辑:胡珞兰	选题策划:张健	责任校对:周旭

出版发行:中国地质大学出版社(武汉市洪山区鲁磨路388号)	邮编:430074
电　　话:(027)67883511　传　　真:(027)67883580　E-mail:cbb@cug.edu.cn	
经　　销:全国新华书店	Http://cugp.cug.edu.cn

开本:787 毫米×960 毫米　1/16	字数:190 千字	印张:9.5
版次:2017 年 9 月第 1 版	印次:2017 年 9 月第 1 次印刷	
印刷:武汉市珞南印务有限公司	印数:1—500 册	
ISBN 978-7-5625-4089-2		定价:38.00 元

如有印装质量问题请与印刷厂联系调换

序

创新是民族进步的灵魂,是国家兴旺发达的不竭动力,更是实现经济增长和全面提高国家综合竞争力的重要推动因素。《国家创新驱动发展战略纲要》明确指出,"创新驱动是创新成为引领发展的第一动力,科技创新与制度创新、管理创新、商业模式创新、业态创新和文化创新相结合,推动发展方式向依靠持续的知识积累、技术进步和劳动力素质提升转变,促进经济向形态更高级、分工更精细、结构更合理的阶段演进",创新驱动是"国家命运所系、世界大势所趋、发展形势所迫","在我国加快推进社会主义现代化、实现'两个一百年'奋斗目标和中华民族伟大复兴中国梦的关键阶段,必须始终坚持抓创新就是抓发展、谋创新就是谋未来,让创新成为国家意志和全社会的共同行动"。

作为特殊的区域形态,城市群是工业化和城镇化快速发展的产物,也是辐射和带动区域发展的重要支撑。随着国家深入实施新型城镇化战略和长江经济带发展战略等重要区域总体战略,长江中游城市群面临着前所未有的重大机遇和挑战。"十三五"时期,统筹配置创新资源要素,促进人才、科技、资金、信息等要素自由流动,推进跨区域协同创新合作,建立系统性创新政策支撑体系,提高城市群创新能力、产业创新效率和高校技术转移绩效,加快推动长江中游城市群创新驱动发展,对打造中国"第四增长极"意义重大。

本书以长江中游城市群创新驱动为主题,重点探讨长江中游城市群创新能力时空演化规律、高新技术产业创新效率以及高校技术转移绩效,涉及区域总体创新水平、企业和高校等创新主体的多个维度,旨在全面系统地提出推进长江中游城市群创新驱动发展的政策支撑体系,进一步完善长江中游城市群创新驱动发展战略,有效推进长江中游城市群经济发展与创新建设。

本书由易明负责总体框架的制定,撰写具体分工如下:第一章(易明,杨丽莎);第二章(彭甲超,付书科);第三章(高璐);第四章(俞艳霞);第五章(杨丽莎,程晓曼);第六章(李霞,易明);第七章(易明,张座铭,邵红梅)。最后,由易明、杨丽莎、李霞、张座铭负责统稿。

书中尽可能标注了相关参考文献,如有遗漏之处敬请谅解。书中也难免有不当之处,敬请读者批评指正!

编　者

2017年7月5日

目 录

第一章 导 论 (1)
第一节 研究背景 (1)
一、创新驱动是国家重要发展战略 (1)
二、城市群是区域创新的重要载体 (2)
三、长江中游城市群是中国重要的"第四增长极" (2)
第二节 研究意义 (3)
一、有利于实现中部崛起 (3)
二、有利于促进长江经济带城市群协调发展 (3)
三、有利于完善国家创新体系 (4)
第三节 相关概念内涵的界定与理论基础 (4)
一、创新和创新驱动 (4)
二、城市群 (9)
三、城市群创新能力 (11)

第二章 长江中游城市群创新驱动发展的现实基础 (13)
第一节 区域概况 (13)
第二节 经济总量 (16)
第三节 基础设施建设 (20)
第四节 地方财政科技投入 (21)
第五节 创新要素资源 (22)
一、研发人员 (22)
二、研发经费支出 (23)
三、科技资源优势 (23)

第三章 长江中游城市群创新能力评价 (25)
第一节 长江中游城市群创新能力的影响因素分析 (25)
一、影响因素体系 (25)
二、实证检验 (29)
第二节 长江中游城市群创新能力的时间演化规律 (31)
一、泰尔熵模型构建 (32)
二、实证分析 (36)

· I ·

第三节　长江中游城市群创新能力的空间演化规律……………(42)
　　一、探索性空间数据分析………………………………………(42)
　　二、实证分析……………………………………………………(45)
第四节　长江中游城市群创新能力的提升路径……………………(52)
　　一、H-H 型城市"嵌入式"路径………………………………(52)
　　二、L-H 型城市"追随式"路径………………………………(54)
　　三、L-L 型城市"利益驱动式"路径…………………………(55)
　　四、H-L 型城市"强核外溢式"路径…………………………(56)

第四章　长江中游城市群高新技术产业创新效率评价………(58)
第一节　长江中游城市群高新技术产业及其技术创新的现实基础……(58)
　　一、长江中游城市群高新技术产业整体发展现状……………(59)
　　二、长江中游城市群高新技术产业技术创新现状……………(65)
　　三、长江中游城市群高新技术产业技术创新的区域比较……(70)
第二节　高新技术产业技术创新效率影响因素分析………………(73)
　　一、企业规模……………………………………………………(73)
　　二、对外开放程度………………………………………………(74)
　　三、人力资本……………………………………………………(76)
　　四、政府支持力度………………………………………………(78)
第三节　基于 SFA 的高新技术产业技术创新效率评价……………(79)
　　一、方法选择及模型构建………………………………………(79)
　　二、数据来源及处理……………………………………………(80)
　　三、实证分析……………………………………………………(81)
第四节　基于 DEA-Malmquist 的高新技术产业技术创新效率
　　　　动态变化分析………………………………………………(90)
　　一、模型构建……………………………………………………(90)
　　二、数据来源……………………………………………………(92)
　　三、实证分析……………………………………………………(93)
第五节　长江中游城市群高新技术产业创新效率的提升路径……(102)
　　一、引导资源流动………………………………………………(102)
　　二、调整人才政策………………………………………………(103)
　　三、准确定位政府职能…………………………………………(103)
　　四、合理加大对外开放程度……………………………………(104)

第五章 长江中游城市群高校技术转移绩效评价 (105)

第一节 高校技术转移的影响因素分析 (106)
一、高校因素 (106)
二、企业因素 (108)
三、中介因素 (108)
四、政府及外部环境因素 (109)

第二节 长江中游城市群高校技术转移的现实基础 (111)
一、整体情况 (111)
二、地区对比情况 (113)

第三节 实证分析 (116)
一、指标体系构建 (116)
二、熵值法 (117)
三、因子分析法 (119)
四、综合评价结果分析 (120)

第四节 长江中游城市群高校技术转移绩效的提升路径 (121)

第六章 长江中游城市群创新驱动发展战略选择 (123)
一、打造两类平台 (123)
二、促进双轮驱动 (123)
三、建设一大体系 (124)
四、实现五个转变 (124)

第七章 政策措施建议 (127)
一、强化中心城市带动作用 (127)
二、优化产业协同创新体系 (128)
三、积极培育壮大创新主体 (129)
四、加快推进市场一体化服务平台 (130)
五、创新产学研用协调转化机制 (131)
六、完善区域创新发展机制 (132)

主要参考文献 (134)

附录1 长江中游城市群创新能力影响因素的相关数据 (137)

附录2 2006—2014年长江中游城市群专利授权量与常住人口统计数据 (139)

第一章 导论

第一节 研究背景

知识经济时代,创新已成为国家发展的重要引擎,而城市群作为经济全球化、区域一体化发展产生的高级空间形式,是区域创新的重要载体,其发展成熟能够为推动区域经济增长、加强区域创新能力建设、提升区域综合竞争实力创造有利条件。长江中游城市群是中国特大型城市群,位于中国中部地区,交通发展便利、资源禀赋优越、区位优势明显,人力资源、科教资源、金融资源等创新资源丰富,是继长三角、珠三角、京津冀后的第四大经济发展核心区域。随着鄂、湘、赣、皖四省协同发展的不断深入,长江中游城市群建设迎来重要机遇,其资源互补、信息共享优势得到有效发挥,配套产业链逐步形成,产业结构与空间布局优化升级,区域经济总量不断扩大,肩负着中部崛起以及中国经济"第四增长极"重要发展使命。

一、创新驱动是国家重要发展战略

创新驱动是进一步推动国家科研事业发展、提升中国科学技术水平与实际生产能力的重要手段,是推动产业结构转型升级、调整优化国家经济发展模式的根本途径,也是抢占国际竞争高地、提升中国国际竞争实力的战略选择。2012年,党的"十八大"明确提出"科技创新是提高社会生产力和综合国力的战略支撑,必须摆在国家发展全局的核心位置",强调"要坚持走中国特色自主创新道路,实施创新驱动发展战略"。实施创新驱动发展战略是新常态下我国经济发展的关键一步,《中共中央国务院关于深化体制机制改革加快实施创新驱动发展战略的若干意见》等政策文件的出台,为我国进一步提升综合国力、挖掘国际竞争新优势、发挥国际竞争新潜力、释放国际竞争新活力提供了有力的战略支撑。

二、城市群是区域创新的重要载体

城市群是现代城市发展成熟的重要空间表现形态,也是区域经济一体化、城际交通运输网络化、电子信息智能化发展背景下,相邻城市集团化发展、城际合作进一步增强、要素资源进一步集聚的主流趋势与必经之路。城市群的高速建设能有效解决单一城市生产要素不足、市场规模不大、信息挖掘不深、资源利用不高、竞争实力不强的突出矛盾与发展缺陷,进一步推动资本、人才、科技、信息等要素整合集聚与资源共享,打破地域分割与空间限制,加强城际间交流协作,实现群内各市的互联互通与资源优势互补,为区域创新建设奠定良好的资源基础、产业基础以及市场基础。利用城市集聚化发展优势,进一步延伸上下游产业链,实现专业化、合理化分工,避免同质化产业竞争与资源浪费,有效增强创新资源利用效率,促进高新技术产业集群建设,合理打造创新产业体系,充分发挥核心城市的区域辐射带动效应,实现城市群整体创新能力与竞争实力的提高。因此,在经济全球化与区域一体化发展的重要背景下,城市群已成为新时期区域创新发展的重要载体。

三、长江中游城市群是中国重要的"第四增长极"

随着中国新型城镇化建设的加快,已初步形成包含5个国家级城市群、9个区域性城市群和6个地区性城市群在内的大型都市圈战略发展模式。其中,长江中游城市群作为中国国家级城市群,是以武汉、长沙、南昌、合肥四大省会城市为核心,以武汉城市圈、环长株潭城市群、环鄱阳湖城市群、江淮城市群四大城市群为主体所组成特大型城市集团,占地面积广袤、要素资源丰富、区位优势明显,是中国经济建设与创新发展的重要主体。随着《长江中游城市群发展规划》的出台以及长江经济带战略理念的部署,长江中游城市群内四省以长江黄金水道为依托,共同驱动、协同发展,在公共服务、基础设施、生态文明、城乡统筹、对外开放、产业协调等领域加快建设,争创中西部新型城镇化先行区、内陆开放合作示范区以及"两型"社会建设引领区,各级政府积极推动科研成果、金融资本、技术人才等智力资源和创新资源在城市群内部整合流动,着重培育高新技术产业,进一步推动四省内需发展与对外贸易合作,其城市群整体发展水平与经济实力实现持续增长,已成为中国重要的"第四增长极",为全国经济建设做出了突出贡献。

第二节　研究意义

随着中部崛起重要发展战略的实施与长江经济带发展规划的落实,长江中游城市群围绕"崛起中三角、挺进第四极"的重要发展目标,进一步推进鄂、湘、赣、皖四省经济发展与创新建设,加快实现城市群内部政策一体化、资源共享化、产业互补化发展,力争打造中国经济"第四增长极"。因此,在中国积极创建创新型国家、加快推动经济发展模式由要素驱动向创新驱动转轨的重要背景下,进一步探讨长江中游城市群创新驱动发展战略在实现中部崛起、促进长江经济带城市群协调发展以及完善国家创新体系等方面具有一定的研究价值与现实意义。

一、有利于实现中部崛起

长江中游城市群是中部地区的重要组成部分,也是中部崛起战略再部署的重要一环,其创新驱动发展为全面提升中部地区城镇化质量、推动城乡统筹共建、促进经济发展模式转轨升级提供有力保障,也为进一步增强中部竞争实力、提高综合发展水平、贯彻落实中部崛起重要发展战略创造良好条件;有效解决中部地区产业严重的同质竞争现象、省际合作长效机制仍不完善、核心区域辐射带动能力不强、生态文明建设较为不足、产业结构不合理、创新能力与科技水平有待加强和提高等突出问题;大力推进中部地区智力资源的集聚整合,积极创建资本集聚区与人才集聚区,进一步扩大内需与外贸规模,完善中部地区一体化建设机制,有效发挥各省市比较优势,构建全方位开放创新新格局,大力推动中部崛起重要发展战略的贯彻与落实,打造中部创新发展长廊,进一步提升和凸显中部地区在全国经济建设与社会发展中的重要战略地位。

二、有利于促进长江经济带城市群协调发展

随着长江中游城市群创新驱动发展的不断深化,有利于进一步发挥长江通道绿色生态经济发展潜力,促进长江中游城市群与长江经济带上中下游各区域,尤其是长三角城市群与成渝城市群的和谐发展与深入合作,打破因行政分割导致的产业与市场壁垒,建立综合立体交通走廊,充分挖掘长江经济带沿线各地区创新资源,加快建设投资绿色通道,实现要素资源的高效配置与市场的融合统一,利用区域联动合作与专业化分工,有效减少低水平重复建设,促进区域经济协同发展,缩小长江经济带各地区发展差距,形成上中下游优势互补、交通互联、

信息互通、协作互动的发展格局,释放长江经济带内各城市群的产业内需潜力,积极打造长江黄金水道,构筑对外开放创新走廊,优化长江经济带产业结构与城镇化布局,深入推进长江经济带沿线"三大两小"(三大指三大跨区域城市群,即长三角城市群、长江中游城市群、成渝城市群;两小指两小区域性城市群,即滇中城市群、黔中城市群)城市群的协调发展与协同共进。

三、有利于完善国家创新体系

以长江中游城市群创新驱动发展实践为参考,构建创新驱动发展战略体系,有利于推动重点领域和关键环节改革先行先试,有效健全技术创新市场导向机制,增强市场主体创新能力,优化改善国家创新环境,促进创新资源综合集成,进一步健全和完善以政府、企业、高校、科研机构、创新中介服务体系为主体,以制度创新、科技创新、知识创新为核心,以整合国家科技创新资源、推动科技成果产业化发展、调整优化经济发展模式为目标的国家创新体系,为中国争创创新型国家、促进经济提质增效升级提供有力支撑。

第三节 相关概念内涵的界定与理论基础

随着"创新"概念的提出与发展,技术创新、产业创新、制度创新、区域创新等理论相继产生,经过长久发展已形成完善的理论研究体系框架,同时,结合"城市群"概念的相关思想,为长江中游城市群创新驱动发展的研究与分析提供了良好的理论基础。

一、创新和创新驱动

创新一词最初来源于美国经济学家 Schumpeter(1934),其著作 The Theory of Economic Development: An Inquiry into Profits, Capital, Credit, Interest, and the Business Cycle 对创新做出新的阐释。不同于以往新古典经济学探讨的技术要素不变论点,Schumpeter 的"创新"观点主要是指企业家精神,即企业家重新组合生产要素进而取得新利润。"创新"是一种经济学概念,虽然现代社会主要适用在技术领域。创新作为经济学概念,主要包括了以下几种情况[1]:①引入一种新的产品或提供一种产品的新质量;②采用一种新的生产方法;③开

---

[1] 具体表述参见 Joseph A. Schumpeter, 1934, The Theory of Economic Development: An Inquiry into Profits, Capital, Credit, Interest, and the Business Cycle.

辟一个新市场;④获得一种原料或半成品的新的供给来源;⑤实行一种新的企业组织形式,例如建立一种垄断地位或打破一种垄断地位。在 Schumpeter 的视角中,"创新"是动态发展理论的突出特点,一方面在破坏旧有经济动态的均衡;另一方面又带来新的经济均衡增长点,以此促进经济增长。

"创新"可以带来超额利润,因为创新可使企业提高产品质量,降低成本,或生产出新产品。但它不能持久,由"创新"到"模仿",随着超额利润的消失,创新将带来新的超额利润出现。创新一般要冒风险,模仿却可以少冒或不冒风险,因此,由创新带来的超额利润被认为是合理的。"创新"理论最大的特点是强调生产技术的革新和生产方法的变革对生产力发展的作用,它的缺陷是抹煞了资本家和工人之间的剥削关系。

1. 高新技术产业

截至目前,高新技术产业并没有一个十分严格的概念界定,不同国家、不同学者对其定义都有所差异。在中国,高新技术产业通常是指由高新技术的研究、开发、转化、推广等环节所形成的企业群或集团的总称,是知识、技术密集型产业。高新技术产业往往拥有最重要的人才资源,以高素质人才和高水平的科研能力为基础,并且资金投入巨大,风险高。

高新技术产业的特点主要包括高投入、高风险、高收益等。

首先,高新技术产业的高投入主要体现在资金和人才两方面的投入中。由于产业主要从事的是新型科学技术的研发,专业人才的投入必不可少,因此,美国等西方国家都大幅度增大教育投资,在加强国内人才培养的同时,也吸引国外人才的流入;同时,科研所需的仪器设备、实验材料等均需要巨额的资金作后盾。

其次,高新技术产业的高风险主要来源于 3 个层面:第一是由于研发过程是一个高度探索的过程,最终能否获得成功不得而知,而事实上,一项新技术、新产品的开发往往要经历多次失败以后才得以实现。第二是由于产品本身的创新性以及技术更换的频繁性。产品技术开发的最终目的是进行转化与推广应用,因此,市场的认可、接受程度将最终决定该项研究的成败。所以,高新技术企业在进行技术研发前往往会展开大量的市场调研,了解市场的需求,同时尽可能地确保市场中尚未存在可替代的产品和技术与之相替代的产品、技术,以此来降低风险。此外,高新技术产业建立在日新月异的现代科学技术的基础之上,因此,高新技术产业成果的生命周期往往不长,在一定程度上加大了产业的风险性。第三是源于具体企业内部的管理风险,企业内部组织结构不完善、资金结构不合理、决策失误、人才流失等管理问题都会为企业本身的发展带来风险。

最后,高新技术产业具有高收益性,原因有以下 3 点:第一,由高新技术产业本身性质所决定,其产品往往原材料消耗低、效率高,因此具有高附加值,不仅为企业自身带来经济效益，也为社会带来巨大效益；第二，来源于垄断，高新技术企业的成果产业化意味着高新技术企业将在今后一段时间里在市场上实现垄断，从而形成超额垄断利润，而后随着其他企业的模仿、再创新，该部分利润被瓜分，此时，企业将进行进一步或其他方向的研究开发来实现新的垄断；第三，由于高新技术产业具有高度渗透性，其发展能带动周边相关产业的高速建设，因此，是国民经济长久高效增长与转型升级发展的战略性先导产业。基于其经济地位，政府通常会通过财政补贴、税收优惠等政策途径予以支持，这一系列支持为产业的发展带来了额外的收益。

2. 产业技术创新

产业技术创新是指产业以市场需求为导向而进行的技术创新活动，其中，关于技术创新的概念界定，国内外学者表现出不同的意见。

国外学者对技术创新的研究较早，Solow在其著作中首次提出了技术创新的2个要素，即新思想和后续的实践与发展。之后国外各界对技术创新的概念研究主要分为两类：一类是通过对发明与创新之间的差别与联系的分析来理解技术创新，这是狭义的技术创新，代表人物是Mansfield，他提出技术创新是一项发明被第一次应用于实践中的过程；相比之下，另一类则是广泛意义上的技术创新，指研究成果从不具备盈利能力的知识或工艺形态向实际经济效益转变的过程中，所经历的技术研发、产品生产、市场调研、营销推广、企业管理等一系列经济化与市场化步骤，涵盖了科研、资金、人才、市场等多个领域。

国内的研究起步较晚，国内学者在对国外理论的研究和分析的基础上，结合国情，对技术创新的概念提出了新的观点，代表人物有傅家骥、姜彦福、雷佳啸等，他们的观点是将技术开发、与应用和推广相关的所有技术都纳入技术创新这一范畴，但对于技术的先进性没有做出明确的要求。20世纪90年代末期，我国出台的《中共中央国务院关于加强技术创新、发展高科技、实现产业化的决定》，曾表示"技术创新，是指企业应用创新的知识和新技术、新工艺，采用新的生产方式和经营管理模式，提高产品质量，开发生产新的产品，提供新的服务，占据市场并实现市场价值。企业是技术创新的主体。技术创新是发展高科技、实现产业化的重要前提"。上述思想对当时中国技术创新的发展情况以及各主体职能义务的范围进行了合理的归纳与明确的规范。

综上所述，国内外对于技术创新的理解是有一定出入的，主要表现在3个方面：第一，"技术"的定义；第二，技术变动强度的限定；第三，技术创新的最终成果是通过成功市场化来实现，而这一成功又应如何界定。造成这些差异的原因一方面在于技术创新本身的复杂性、多样性，另一方面更在于不同学者存在的时代、背景有所差异，而技术创新是个动态的概念，不同时代背景下内涵不同。

因此,技术创新的界定应结合当下经济与科技的发展情况以及本国国情。笔者认为,技术创新的定义应包括以下几方面:首先,技术创新是以技术为手段、以经济效益为导向的过程,技术创新的最终结果不应局限于研发成果的产出,而应该是研发成果的市场化,是经济利益的实现;其次,技术创新应包括从新概念的构思、研发到生产推广等一系列活动的完整过程;最后,技术创新过程不应仅限于企业这一个主体,还应包括与企业存在紧密联系的社会各界主体。

基于上述对技术创新的理解,笔者认为对产业技术创新的理解应由以下几个层面组成:

第一,主体。产业是一个中观概念,产业技术创新的主体应包括企业、科研单位、高校、政府等部门,其技术创新的实施,将在以上主体自主结合的基础上完成。第二,目的。产业技术创新的目的不再局限于企业的利益,而是从产业、区域乃至国家发展的角度出发,发展本产业的同时,也带动传统产业的发展,调整国家产业结构;考虑经济效益的同时,还应考虑环境、资源等社会效益。第三,内容。产业中通常包括产品的生产、组织、销售等一系列过程,因此,产业技术创新的内容往往是一种系统创新,涉及到整个产业链。第四,风险。通过产业技术创新,其内部形成统一目标与规划,各企业主体达成一致,使盲目创新现象得到缓解,不仅实现各个企业自身风险的降低,同时,产业整体风险也有所减少。

3. 技术创新效率

前文对技术创新已有阐述,为了更好地解释技术创新效率,为后文的评价奠定基础,本节首先要明确"效率"的意义。

"效率"这一概念十分广泛,一般是指单位时间完成的工作量或是最有效地使用社会资源以满足人们的需求,也指社会能从其稀缺资源中得到最多效益的特性。在西方古典经济学理论中,效率的重要意义已被认可,经济学家更多地强调单要素效率的意义,尤其是劳动和资本的生产率问题。而在新古典经济学中,效率被认为是资源如何合理配置的问题:一方面,是所谓的生产效率,即如何节约资源、减少浪费,在一定的投入规模下,获得最大的产出。这是一种管理效率,它可以通过调整组织结构或改善管理方式来获得提高。另一方面,是所谓的经济效率,侧重于资源的利用。这是一种市场效率,需要通过资源在不同部门、不同行业进行自由流动来实现其自身的合理配置,从而提高效率。在西方经济学中,最早系统地研究经济效率的经济学家是 Farrell,他提出,一个部门的效率应分为技术效率和配置效率两个部分。技术效率反映的是部门在一定的投入规模下获得最大产出的能力,配置效率是指企业在一定的价格和技术水平的前提下合理配置投入的能力。从本质上看,西方古典经济学、新古典经济学和西方经济学中,对于"效率"的认识基本上是一致的,研究方法也多是以数理推导、实证分析为主。

技术创新效率是判断创新能力强弱与创新效果高低的关键指标,指企业、高校等创新主体在投入一定的人才、设备、资金等创新要素的情况下,通过资源的有效配置、合理利用与科学转化,所能得到的科研产出成果的规模大小与质量优劣。从投入产出的有关观点来看,技术创新效率可表述为以下两种形式,即在一定的要素投入规模下,提高技术创新效率带来技术创新产出的增长;以及在一定的研究成果产出绩效下,增强技术创新效率所引起的技术创新投入的降低。尽管增加技术创新投入或者改善内部组织结构和管理方式亦可对技术创新能力的培养与优化形成推力,但提高其技术创新效率更是关键途径;但鉴于技术创新要素的复杂性和部分要素不可度量性,绝对技术创新效率较难得出,只能评价其相对有效性。

综上所述,技术创新效率应是对不同主体进行比较后得到的一种相对的效率,反映这一时期该系统的投入产出情况。

4. 区域创新

有关创新对经济发展的长期影响已在学术界取得共识,创新被认为是经济增长最重要的动力,是经济增长的持久源泉(Schumpeter,1934;Solow,1956;Aghion,Howitt,1992;Grossman,Helpman,1993)。但是,究竟是什么因素决定或者影响区域间创新促进产业转型升级?传统研究从人力资本差异(Becker et al,1969)、创新要素聚集程度差异(Feldman et al,1994)、研发活动生产率差异(Fritsch,Franke,2004;Bublitz,et al,2015)、产品创新速度差异(Segerstrom et al,1990)等视角进行了探讨。

通常而言,东部发达地区技术进步快于中部和西部地区,黄永春等(2015)的研究结论正好验证了这一点,同时,黄永春等(2015)认为东部、西部和中部的创新要素投入存在很大差异。就环境全要素生产增长效率而言,东部地区具有很大的优势,效率改善对中、西部地区环境全要素增长率的贡献最大;经济发展水平与区域环境全要素生产率呈"U"形关系,产业结构、能源结构与区域环境全要素生产率呈负向关系,对外开放水平与区域环境全要素生产率呈正向关系。R&D(研究和发展)来源和R&D结构对区域环境全要素生产率的影响具有地区差异性,其中东部地区企业研发投入的驱动作用较大,并应提高基础研究投入。而中西部地区政府研发投入的驱动作用较大,并应强化应用研究。

因此,研究者对于区域创新的研究主要包括以下4个方面:第一,高等教育机构(高校)和区域发展的关系有20世纪中叶以来提出的政治期望和科学的兴趣(Peer,Penker,2016)。第二,探索科研组织间的关系和经济文化背景对区域经济的影响三因素——合作的重要性、与区域经济文化的差异以及基于互联网的电子数据交换(EDI)。研究结果表明,在组织内部和外部,管理者和决策者必须考虑企业组织间的关系及所处地区的经济和文化环境(Tan,Ludwig,2016)。第三,探索性分析创业以及内部知识创新,发现新兴的创业公司往往与地理位置有显著的相关性(Huggins et al,2015)。第四,探究区域之间合作变化。部分学者认为区域和国际合作可以促进产品创新(Aarstad et al,2016),经济进化被认为是由创新的研究和开发驱动,即使在一个社会转型动态变化的关键时期,影响区域特征通常表现为不同文化导向下的生活方式(Deng et al,2016)。

具体的创新与区域的环境和政策措施相关,区域经济个体的相关行为影响具体的创新(Koohsari et al,2015),如 Hansen 等(2015)采用区域的角度通过对扶持政策的发展,研究肯尼亚所有的光伏市场创新程序和扩散状态;Belso-Martinez(2015)通过分析西班牙鞋类制造商技术创新对集群类的关系影响和治理等,发现区域内部资源有利于合作伙伴之间的技术转移及创新集群;Barth 等(2015)以经济为中心重点发展区域创新,利用制度逻辑提出理论框架,认为主导的制度逻辑可以促进或约束区域社会和经济方面的创新。

二、城市群

国内学者解释城市群(刘树成,2005),主要是依据以下内容:区域内的城市数量、城市之间的关联强度、基础设施建设程度、生产力集中度、城镇化建设等(刘树成,2005)。按城市群的空间分布,可将其分为以下 3 种基本类型:①放射状城市群,主要以一个或几个大城市为核心,其中的首位城市经济强大,起支配作用,在其周围形成放射状城市群;②多边状城市群,其特点是组成城市群的各城市的实力相差不大,彼此互有分工与协作;③沿交通线路分布的线状城市群。世界上较大的城市群有美国的五大湖城市群、英国的伦敦城市群、俄罗斯的莫斯科城市群和法国的巴黎城市群等。我国严格意义上的城市群在目前还未出现,但是我国城市化建设水平的逐步提高使得更高层次的城市区域化形态出现。我国具有超大型城市群雏形的有沪杭宁、珠江三角洲、京津唐地区、辽中地区(环渤海地区)等地区,这些超大型城市群的建设将走在最前列。中西部地区的一些开放强度较大的省会城市有可能成为第二批城市群建设重点,这些城市包括以重要经济腹地为依托的武汉、长沙、西安、成都等为中心城市的城市群,以资源开发和边贸开放为重点的哈尔滨、昆明、乌鲁木齐等为中心城市的城市群,以交通枢纽为核心的郑州、南宁等为中心城市的城市群。城市群的建设,将使相应地区的经济资源得到再度开发和组合,产生一批新的各具特色的产业带,在国民经济发展中发挥先导作用。

城市群这一概念最早可以追溯到 19 世纪末期,英国社会活动家 Howard (1898)出版了一本著作 *Tomorrow:A Peaceful Path to Real Reform*(又名:《明日的田园城市》)。在这本书中,他首次提出了田园城市组成"城市群体(Town Cluster)"的概念,他所设想的是通过城乡一体化,构建小城市群来解决城市膨胀所导致的过度拥挤、污染加剧等弊端。虽然随着历史的变迁,"城市群"这个名词的含义已经与往昔相去甚远,然而值得肯定的是 Howard 的这一思想具有跨时代的意义,对现代城市规划做出了重大贡献。Geddes(1915)继承并发展了 Howard 的观点,在其出版的《进化中的城市》一书中,指出城市集聚的现象在各个国家都会存在,提出"组合城市"的观点,并预计组合城市经过一段时间的发展,可能继续晋级成为世界城市。从空间格局来看,组合城市可以被视为现代城市群的雏形。同时,Geddes 还认识到社会的繁荣或衰败是由城市和区域的组织模式决定的,城市的不同功能可以相互作用,即"有机城市观"。此后,中心地理论思想在德国诞生(Christaller,1933),该思想系统地分析了城镇化体系应如何构建方能达到最优效率,为区域经济学研究做出了重大理论贡献。其后,法国地理学家 Gottman(1957)提出的"大都市带"学说被学术界普遍认为是首个含义最接近于现代意义上城市群的学说,因为 Gottman 的观点更加注重空间集聚以及以交通为媒介形成的密切的城市关系,他还阐述了美国大都市带形成的原因:国家政策转变、经济发展、交通工具普及以及公路网络完善等。Gottman 的观点很快引发热议,并掀起一股研究大都市带的热潮。其后,又有学者陆续提出了"都市轴""超级城市区域"与"扩展大都市区"等概念(丹下健三,1961;McGee,1991;Ginsburg,1991),不断对城市群理论做出补充。

我国学术界对城市群现象的研究起步较晚,始于20世纪80年代,这与当时改革开放所伴随的工业化与城市化进程加快的时代背景密不可分。洪俊和宁越敏(1983)将 Gottman 的学说译为"巨大都市带",Gottman 的思想逐渐为国人所知。前人对城市群的研究涉及含义、特征、功能、形成机制、经济发展评价、空间结构演化模式等多方面。由于篇幅所限,这里重点介绍对城市群概念的研究。"城市群"这一专业术语最早出现于《城市规划译文集》这本书中,用于形容欧洲西部的一个城市综合体——兰斯塔德(申维丞,1980)。此时"城市群"的概念侧重强调"城市集合体"。1992 年,顾朝林提出城市群是我国现代城镇体系空间结构的一种基本类型,一般存在于经济基础欠佳的区域,他同时认为城市群是以某个大城市作为核心城市,周边围绕一些小城市,形成的共同发展的城市群体。还有学者指出城市群是由若干规模不等、类型不同的城市依托一定的自然条件,借助现代交通工具、电子通信技术等共同组成的相对完整的城市集合体(姚士谋,1992),这种观点着重强调了区域空间布局。周一星(2009)则更加重视城市群中大城市与周边城市之间的相互联系和作用,宁越敏(2011)阐述了基于大都市区的城市群的含义,同时明确提出了界定城市群空间范围的指标和方法。

三、城市群创新能力

城市群作为区域集聚化、联合化发展的重要产物,其创新能力的建设是区域创新能力研究领域的一个特殊分支。城市群创新能力在相当程度上体现了城市群科技发展的实力和潜力,同时,它也是衡量城市群发育程度的一把重要标尺,在城市群形成与演化过程中发挥着不可替代的作用。结合相关政府文件与前人研究成果,笔者将城市群创新能力作如下定义:在某个城市群内,在特定的创新环境条件下,为了提升城市群经济增长动力,增强其综合竞争实力,城市群各成员充分发挥创新积极性,整合创新要素,加速知识流动速率,提高创新资源配置效率,将知识、技术等转化为新工艺、新产品、新服务的能力。城市群创新能力、区域创新能力与城市创新能力3个概念各有侧重,其相同点和不同点的辨析详见表1-1。

表1-1 城市群创新能力相关概念辨析

相关概念	与城市群创新能力的相同点	不同点(城市群创新能力所具备的)
区域创新能力	1.创新活动主体相同; 2.创新能力的构成要素相同; 3.具有地理临界性,关注一定空间范围内创新机构之间的合作	1.强调核心城市与周边城市之间的联系与互动; 2.经济、社会、文化、科技的相似度和可比性更高
城市创新能力	1.创新活动主体相同; 2.创新能力的构成要素相同	1.突破行政区划限制,创新网络开放性更强; 2.创新资源整合能力更强; 3.知识流动速率更高

资料来源:根据相关资料整理。

对城市群创新能力的内涵应该从以下两个方面来理解:

第一,城市群创新能力衡量的是"城市群"层面的创新活动开展的数量和质量。城市群是在一定的空间范围内,若干个类型不同、规模相异的城市,以一定的自然因素为依托,围绕一个或几个发展较为成熟的核心城市,利用现代交通工具和电子通信设备的便捷优势,发展并加强城市之间的内在联系,共同构成的一个城市集合体。与区域创新能力相似,城市群层面的创新活动主体,同样是企业、政府机关、高校、科研院所以及中介组织等,然而,城市群创新能力更加强调核心城市与周边城市之间人才、技术、资金等创新要素的流动、开放和共享,以及成员城市之间的紧密联系和通力配合。城市群范围内的城市除了具有地理临界性,其经济、社会、文化、科技的相似度和可比性也更高。在城市群中各城市既有竞争又有合作,且合作重于竞争。核心城市凭借自身强大的科技资源凝聚力积极发挥辐射和示范作用,周边城市利用各自的优势踊跃参与创新项目研发,联合攻关,组团创新,通过点轴效应,最终形成城市群内部创新活动的高频率良性互动。

第二,创新能力是提高城市群综合竞争力的核心和支柱。传统性思维是城市群成员之间依靠经济贸易往来和文化交流来提高整体凝聚力和发展水平,在如今创新型国家建设的大背景下,城市群的健康可持续发展必须以创新能力作为源动力和推动力。针对创新能力的构成及其水平高低的测算,通常从投入产出的角度,结合创新环境以及技术扩散的有关思想进行探讨。其中,创新投入是创新能力的基础和引擎,一切创新活动的开展都以它为出发点,创新投入主要包括R&D经费、R&D人员全时当量等;创新产出代表着创新活动的成果,是创新活动开展的最终目标,它取决于创新投入水平、前期知识存量、过程管理水平、技术吸收能力等;技术扩散是城市群系统性创新和开放式创新的一项标志,技术扩散的过程也就是知识流动的过程,它可以反映城市群对新技术、新知识的需求是否旺盛,能够检验所研发出的新技术究竟是曲高和寡还是贴近市场,同时,还将在一定程度上体现承载技术扩散的中介平台和基础设施水平是否满足要求。创新环境既是创新能力的根基,也是创新能力不断发展壮大的沃土,是影响城市群创新能力大小、决定创新水平高低的重要因素。综合而言,创新环境作为一项复杂的外部环境系统,涵盖政策环境、制度环境、法律环境、社会文化环境和融资环境等维度。良好的创新环境可以促进产学研的交流与合作,并进一步激发不同创新主体之间的协同效应,从而推动城市群创新能力的提升,反之,将会对城市群创新能力形成阻碍和制约。

第二章 长江中游城市群创新驱动发展的现实基础

近年来武汉、长沙、南昌、合肥积极参与合作,先后共同签署了《武汉共识》(正式启动长江中游城市群省会城市合作)、《长沙宣言》以及《合肥纲要》等政策文件,湖北、湖南、江西、安徽四省之间的交流互动不断增多,合作领域不断扩大,合作事项不断深化。随着《国家创新驱动发展战略纲要》等文件的出台,以及鄂、湘、赣、皖相关地区战略合作的达成,长江中游城市群在基础设施建设、经济增长、科技发展、研发投入等方面均取得了良好的进展,为长江中游城市群创新驱动发展创造了坚实的现实基础。

第一节 区域概况

长江中游城市群承东启西、连南接北,是长江经济带的重要组成部分,也是实施促进中部地区崛起战略、全方位深化改革开放和推进新型城镇化的重点区域,在我国区域发展格局中占有重要地位。长江中游城市群各城市的基本情况统计概况如表2-1所示。

表2-1 长江中游城市群基本资料概况

城市群名称	所在省份	城市个数	所含城市名称
武汉城市圈	湖北省	13	武汉市、黄石市、鄂州市、黄冈市、孝感市、咸宁市、仙桃市、潜江市、天门市、襄阳市、宜昌市、荆州市、荆门市
环长株潭城市群	湖南省	8	长沙市、株洲市、湘潭市、岳阳市、益阳市、常德市、衡阳市、娄底市
环鄱阳湖城市群	江西省	10	南昌市、九江市、景德镇市、鹰潭市、新余市、宜春市、萍乡市、上饶市及抚州市、吉安市的部分县(区)
江淮城市群	安徽省	11	合肥市、蚌埠市、六安市、马鞍山市、安庆市、铜陵市、芜湖市、宣城市、滁州市、池州市、淮南市

资料来源:编者整理。

长江中游城市群 2014 年末总人口为 1.21 亿人。如图 2-1 所示,2014 年湖北省人口自然增长率达到 6.8‰,从图中可以看出:第一,以武汉为首的武汉城市圈[1],周边的黄石、鄂州、黄冈、孝感、咸宁、仙桃、天门、潜江 8 个大中型城市中,人口自然增长率(‰)最高的为黄石市(16.8‰),其次依次为咸宁市(12.70‰)、黄冈市(10.80‰)、孝感市(7.60‰)、鄂州市(7.50‰)、武汉市(7.20‰);第二,以宜昌和襄阳为首的鄂西生态文化旅游城市圈[2]中,人口自然增长率最大的是随州市(9.00‰),其次依次为十堰市(6.60‰)、荆门市(5.40‰)、荆州市(3.10‰)、宜昌市(2.20‰),人口自然增长率变动最小的为襄阳市(0.70‰);第三,从地域变化上来看,长江穿过湖北省中部,人口自然增长率自西向东逐渐增加,自北向南逐渐增加。

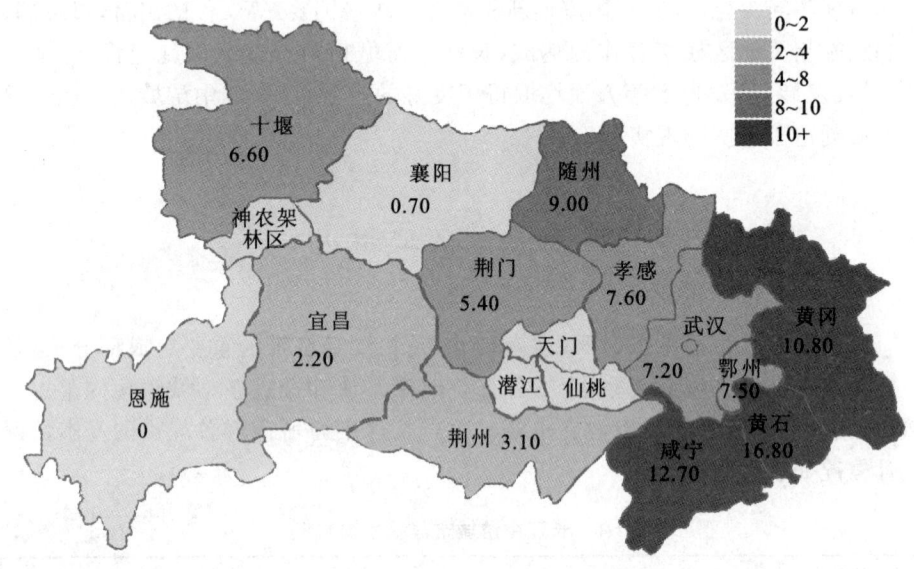

图 2-1 湖北省 2014 年人口自然增长率(‰)
(注:数字为 0 或没有标注数字的未被统计,未被统计的城市主要有天门、仙桃、潜江、恩施等。
资料来源:编者整理)

图 2-2 及图 2-3 分别显示了江西省和湖南省的人口自然增长率变化。总的

---

1 武汉城市圈,又称"武汉圈""1+8 城市圈""大武汉都会圈",是指以中部地区最大城市武汉为圆心,覆盖黄石、鄂州、黄冈、孝感、咸宁、仙桃、天门、潜江周边 8 个大中城市所组成的城市群。武汉为城市圈中心城市,黄石为城市圈副中心城市。
2 鄂西生态文化旅游圈包括位于湖北西部的襄阳、荆州、宜昌、十堰、荆门、随州、恩施、神农架 8 个市州(林区),其人口总量、版图面积分别约占全省 50% 和 70%,是全国重要的生态功能区、最大的水电基地,三国文化的源头之地,也是湖北重要的农产品基地和制造业基地。

第二章 长江中游城市群创新驱动发展的现实基础

来看,湖南人口自然增长率为8.80‰,江西人口自然增长率为24.80‰。环鄱阳湖城市群[1]主要包括江西省南昌、九江、景德镇3市,以及鹰潭、新余、抚州、宜春、上饶、吉安等地,其人口自然增长率主要有:吉安市37.40‰、宜春市26.20‰、上饶市22.50‰、南昌市22.10‰、鹰潭市22.50‰、抚州市20.00‰、九江市19.90‰、新余市11.40‰、景德镇市6.70‰。

环长株潭城市圈以长沙、株洲、湘潭为中心,外围分别发展岳阳、衡阳、益阳、常德、娄底5个次级城市圈(带)。其中人口自然增长率依次为娄底市(12.50‰)、长沙市(10.00‰)、岳阳市(9.40‰)、株洲市(9.00‰)、衡阳市(8.60‰)、益阳市(8.20‰)、湘潭市(7.00‰)以及常德市(5.40‰)。

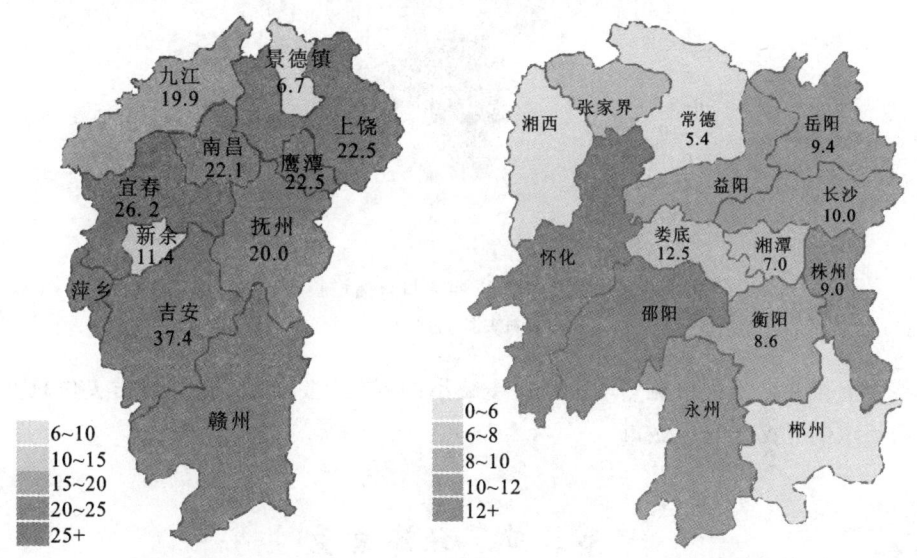

图2-2 江西省2014年人口自然增长率(‰)　　图2-3 湖南省2014年人口自然增长率(‰)
(资料来源:编者整理)　　　　　　　　　　　(资料来源:编者整理)

如图2-4所示,安徽省2014人口变化情况中,增长率最高的是安庆市(33.49‰)和蚌埠市(27.40‰),其次依次为淮北市(18.30‰)、淮南市(12.40‰)、六安市(11.10‰)、阜阳市(10.40‰)、宿州市(7.50‰)、亳州市(7.20‰)、滁州市(7.20‰)、合肥市(7.00‰)、池州市(5.10‰)、芜湖市(5.00‰)、黄山市(3.90‰)、马鞍山市(3.60‰)、铜陵市(2.70‰)、宣城市(0.90‰)。这些变化表明:紧邻长江的城市自西向东人口自然增长率逐步减小,

---

[1] 广义的环鄱阳湖城市群(简称"大环鄱")包括江西省南昌、九江、景德镇3市,以及鹰潭、新余、抚州、宜春、上饶、吉安,安徽省池州、黄山、宣城的部分县(市、区),共50个县(市、区)。狭义的环鄱阳湖城市群(简称"小环鄱")主要包括江西5个环鄱阳湖城市,分别是南昌、九江、景德镇、鹰潭、上饶,共30个县(市、区)。

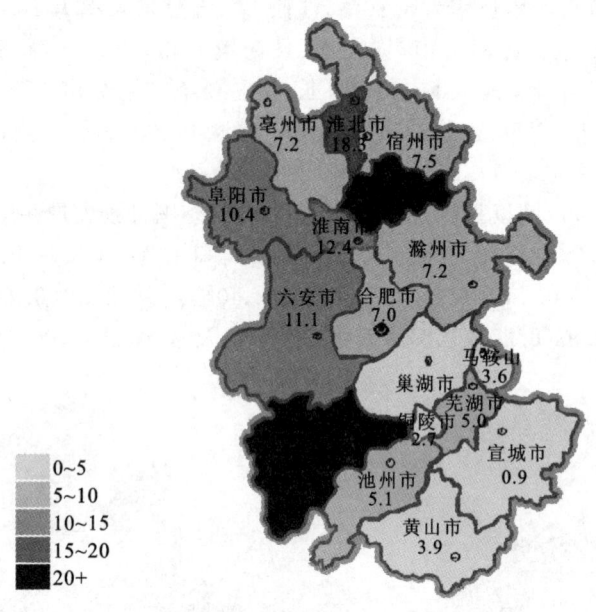

图 2-4　安徽省 2014 年人口自然增长率(‰)

(资料来源:编者整理)

整体上自北向南人口自然增长率逐步减小;西部紧邻其他省份的城市人口自然增长率明显高于其他城市。

第二节　经济总量

长江中游城市群中的 4 个小城市群的 GDP 指数都达到了各省国内生产总值(GDP)的 60% 以上,在地方区位上有首位分布的优势,对周边的同规模企业有集聚作用,且劳动力成本较低,对于第四次制造业的转移具有一定的吸引和集聚作用。2014 年,长江中游城市群的代表性省份江西、湖北、湖南以及安徽的地区生产总值分别为:江西省 157 540 401 万元、湖北省 267 296 200 万元、湖南省达到 276 273 254 万元、安徽省为 20 848.8 亿元。湖南省在 2014 年的地区生产总值中排名第一,也为环长株潭城市群发展提供了经济基础。

江西省的环鄱阳湖城市群经济总量变化主要是以九江市为首,其次依次为吉安市、宜春市、赣州市、上饶市、南昌市、抚州市、鹰潭市、景德镇市和新余市(图 2-5)。经济总量和经济增长率排名趋势不一致,如 2014 年南昌市的地区生产总量最大,约 36 679 635 万元,但其经济总量增长率仅为 9.8%,在地级市中排名第六;赣州市的生产总量约为 18 435 921 万元,其经济增长率为 10%;经济总量增长率最高的是九江市,约为 10.3%;新余市和景德镇市的经济增长率最低,仅为 8.8%,但其经济总量在江西省排名第三和第四;其后的经济增长率依次为吉安市(10.2%)、宜春市(10%)、上饶市(9.9%)、抚州市(9.8%)、鹰潭市(9.7%)、新余市(8.8%)、景德镇市(8.8%)。

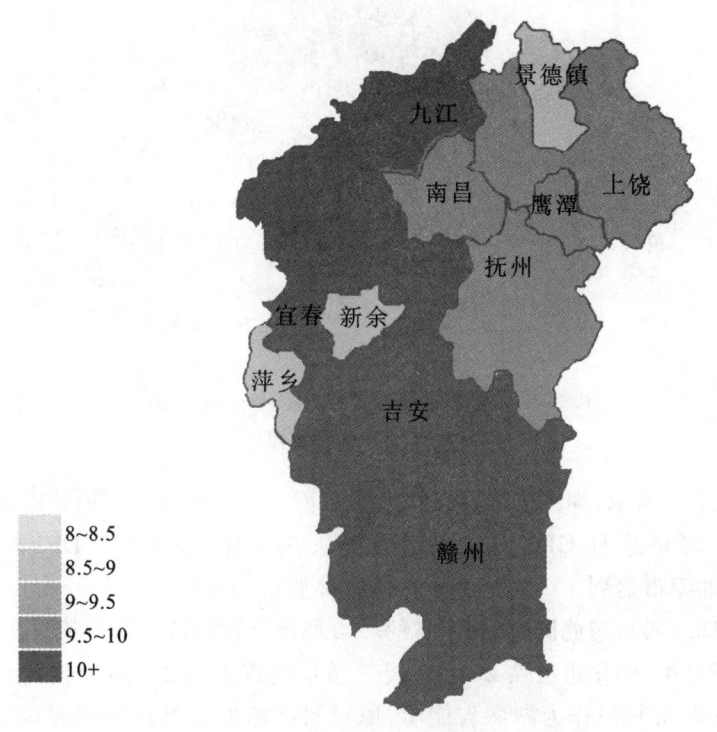

图 2-5　江西省 2014 地区生产总值增长率(%)

(资料来源:编者整理)

如图 2-6 所示,从湖北省的地区经济增长情况来看,襄阳市长期占据湖北省全省经济增长率第一位,2014 年达到 13.7%,但其经济总量落后于武汉市(2014 年其 GDP 总量达到 100 694 800 万元,但 GDP 增长率仅为 9.7%);GDP 增长率为 9.7% 的城市有武汉市(GDP 总量 100 694 800 万元)、孝感市(GDP 总量 13 547 200 万元)、鄂州市(GDP 总量 6 866 400 万元)和黄冈市(GDP 总量 14 591 500 万元),这些城市在地理距离上最为接近,进一步验证武汉城市圈的带动作用;荆门市作为邻近襄阳市和宜昌市的地级城市,2014 年 GDP 增长率达到 9.9%,总量实现 13 105 900 万元;紧邻鄂西生态旅游文化城市圈中心城市的主要有荆门市

(9.9%)、随州市(9.74%)以及十堰市(9.5%),其经济总量明显高于武汉城市圈的其他地级市。

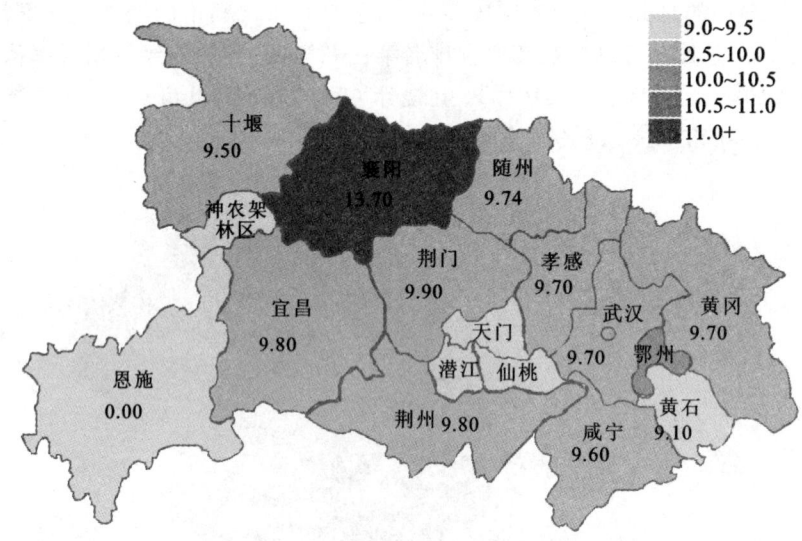

图 2-6 湖北省 2014 年地区生产总值增长率(%)
(资料来源:编者整理)

如图 2-7 所示,湖南省以环长株潭城市群为主体形成特大型城市群:2014 年湖南城市经济总量 GDP 增长率表现得尤为抢眼,益阳市 GDP 增长率实现 10.8%,湘潭市达到 10.7%,其次依次为常德市(10.55%)、长沙市(10.5%)和株洲市(10.5%);与此同时,湖南省的城市群建设在经济总量增长方面也表现出极大的不平衡,怀化市虽然 2014 年经济总量实现 11 812 366 万元,但是其经济增长率仅为 5.1%;作为湖南省能源、原材料战略储备基地的工业城市,娄底市的经济增长率也仅仅达到 8.1%;湖南省长江中游城市群中岳阳市的经济增长率实现 9.3%,低于衡阳市(9.9%)。

如图 2-8 所示,安徽省的 GDP 增长率总体波动幅度略大,达到 3.12%,最高的 GDP 增长率达到 10.1%(芜湖市),最低的为黄山市(7.58%);安徽省长江中游城市群建设中,2014 年 GDP 增长率低于 8% 的主要城市有六安市(7.90%)、亳州市(7.80%)及黄山市(7.58%),分别位于安徽省北部、西部以及南部,这也就表明安徽省经济发展并没有固定规律可言,其城市群发展更加艰难;作为城市群建设的核心城市,合肥市 2014 年 GDP 增长率达到 10%,实现了可观的经济总量;安徽省经济增长呈现由外向内 GDP 增长率逐步增加的突出特点,这些变化在合肥市和蚌埠市表现得尤为明显。

第二章 长江中游城市群创新驱动发展的现实基础

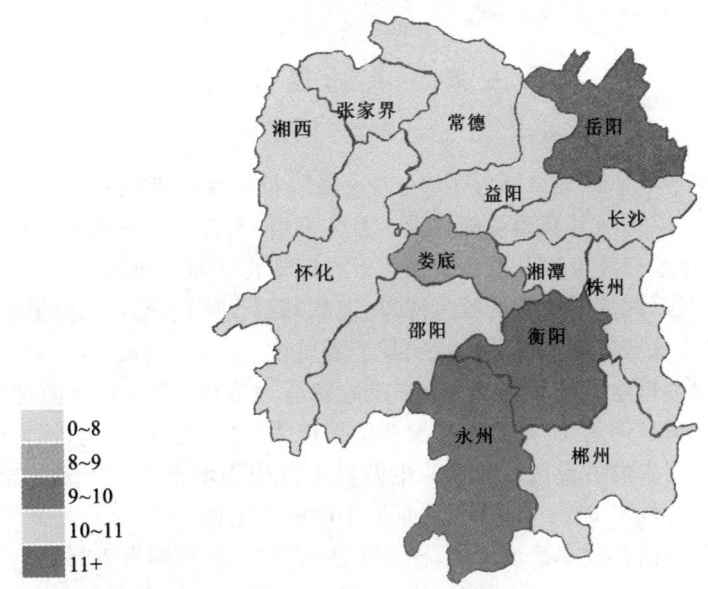

图 2-7 湖南省 2014 年地区生产总值增长率(%)
(资料来源:编者整理)

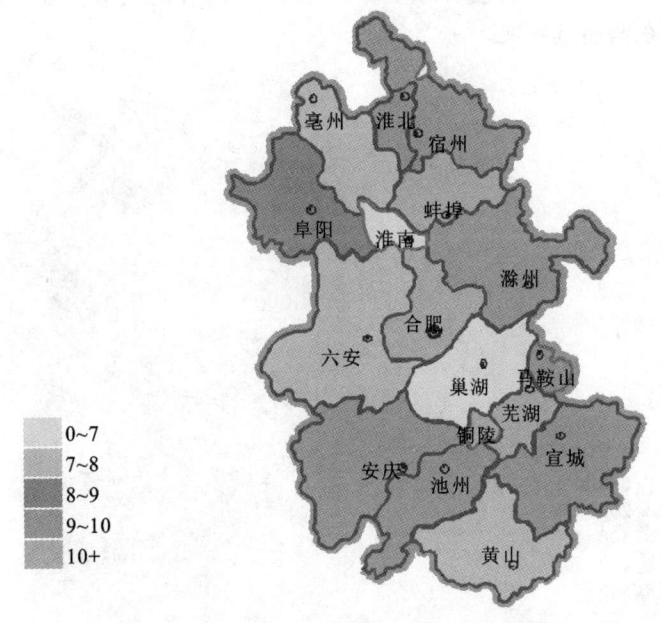

图 2-8 安徽省 2014 年地区经济总量增长率(%)
(资料来源:编者整理)

第三节 基础设施建设

长江中游城市群建设顺应了"一带一路"、长江经济带战略等区域性发展战略,进一步要求加强其基础设施建设。总体来看,长江中游城市群基础设施在运输能力、城市港口建设以及城市交通建设方面取得了较大进展。

具体而言,武汉城市圈的城市港口、港航基础设施建设以及运输能力实现较大提升,如武汉城市圈港口吞吐量实现了历史性进步,同时武汉城市圈的核心港口以及枢纽港口建设获得显著发展;在通航能力方面,武汉城市圈进一步巩固"中西部出海口"的地位,提升其集聚和辐射能力。"十三五"期间,江西省南昌市将打造南昌至省内各设区市和长江中游城市群中心城市1~2小时,至上海、广州等周边主要城市3~4小时,至北京6小时的交通圈。

以移动电话普及率建设为例,图2-9显示了2014年湖南省移动电话普及率年末用户数。省会长沙的电信基础设施建设得到了良好发展,在电话普及率方面排名全省第一;湖南省经济发展势头较好的地级市中,邵阳、衡阳、岳阳和常德在电信基础设施建设方面也取得了较好发展;湖南省的电信基础设施建设总体上自西北向东南递减发展。

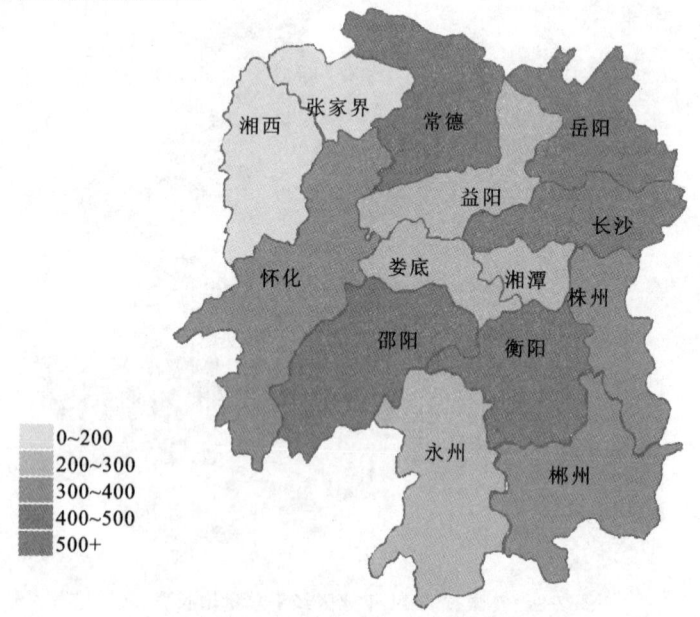

图2-9 湖南省2014年移动电话年末数(户)

(资料来源:编者整理)

基础设施建设另一个重要的表现是交通建设,在总体上形成以铁路为主、长江水域为辅的"井"字形交通网络。铁路方面,京九线和京广线连接南北,长江作为黄金水道连接东西,同时,作为辅助的沪昆高速公路贯穿东西,基本构成了大交通网络体系结构。在高速公路方面,沪昆高速作为主要的干道,京港澳、大广、二广[1]、福银、济广、沪昆、沪蓉、沪渝以及杭瑞等高速公路连通各个城市圈。武汉城市圈、长株潭城市圈、环鄱阳湖城市圈以及江淮城市群通过随岳高速、长张高速、长株高速、衡邵高速、漳吉高速等交通通道连接,使得长江中游地区已经成为全国高速公路最密集的地区之一,为汉长昌核心城市扩大经济辐射范围提供了有利条件。而武广高速铁路和在建的沪昆客运专线以及即将建设的武九专线使三大城市圈形成城际交通圈。

第四节 地方财政科技投入

图2-10显示了2003—2013年江西、安徽、湖北以及湖南四省地方财政科技支出占地方财政支出比重。从图上可知:第一,安徽省的财政科技支出比重从四省最低的0.73%增长到四省中最高的2.52%,极差达到1.79%,安徽省对城市

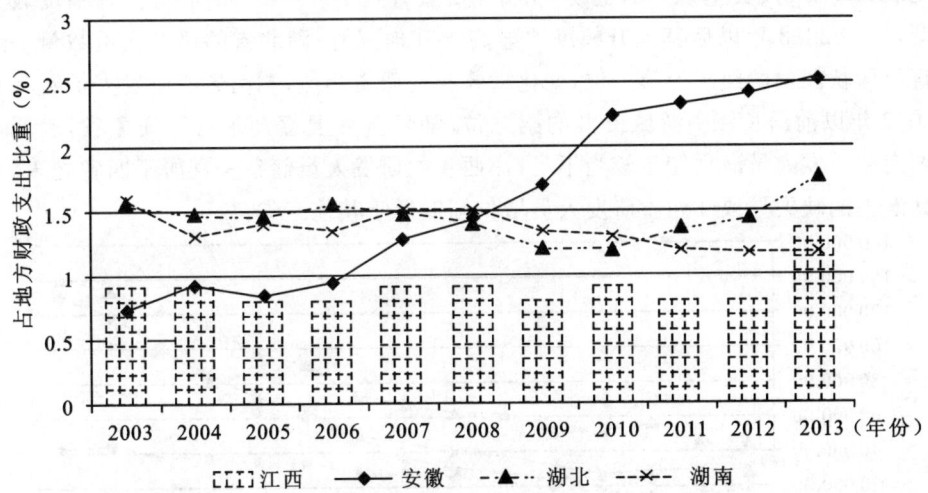

图2-10 江西、安徽、湖北、湖南四省2003—2013年地方财政科技支出占地方财政支出比重(%)
(资料来源:编者整理)

---

1 大广指大广高速,由黑龙江省大庆市至广东省广州市。二广指二广高速,由内蒙古自治区二连浩特市至广东省广州市。

群建设与创新发展的认识进一步深化,为其城市群建设与创新能力提升提供有力支撑;第二,湖南省的变化与安徽省形成鲜明的对比,从 2003 年最高科技支出比例降至 2013 年的最低,虽然变化幅度不大,但严重制约了湖南省科技储备与后续发展;湖北省科技支出建设比例变化幅度最小,约为 0.22%,基本维持在正常水平;江西省财政的科技支出增长变化幅度最大,进一步增加科技支出,加强人才储备。

第五节 创新要素资源

作为创新最重要的两项影响因素,人才和资金对区域创新发展与技术进步具有显著作用。因此,主要从研发人员的总量变化以及研发经费投入规模的角度分析长江中游城市群的创新建设情况。其主要内容如下。

一、研发人员

图 2-11 展示了安徽省、江西省、湖北省以及湖南省 2000—2014 年研究与试验发展(R&D)人员全时当量(人年)的变动情况。总体来看,四省的研究与试验发展(R&D)人员呈现上升趋势,其中:安徽省在 2000—2008 年间上升幅度较低,但在 2008 年以后其上升幅度明显高于其他三省;湖北省的研发人员数量一直位居长江中游经济带第一位,变化大体与安徽省相似;湖南省的研发人员数在 2012 年以前居长江中游城市群的第二位,随后其发展逐渐落后于安徽省,表明湖南省研发人员潜力储备较为不足;江西省的研发人员储备一直居于四省之末,其潜力的缺失导致江西省研发人员增长幅度低于其他三省。

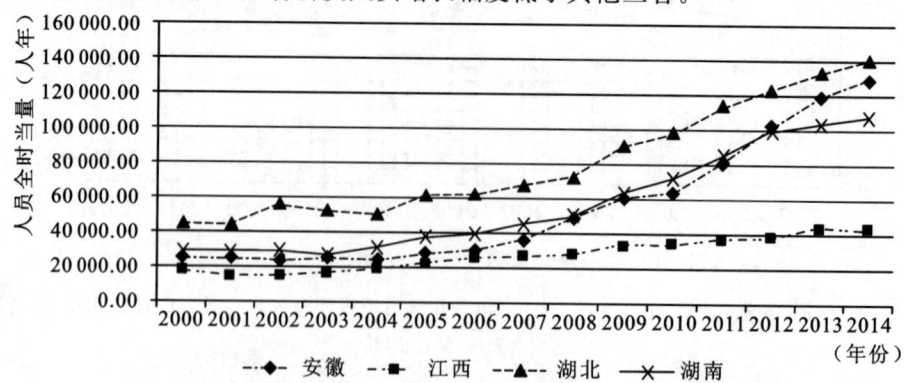

图2-11 安徽、江西、湖北、湖南四省 2000—2014 年研究与试验发展(R&D)人员全时当量(人年)
(资料来源:编者整理)

二、研发经费支出

研发经费支出为创新提供资金支持,其研发经费的变化也显示了四省创新资源的储备情况(图 2-12)。这些变化可归纳为以下特点:湖北省作为研发创新的大省,其经费支出一直以来位居四省之首,这也是湖北省研发人员数量优于其他省的重要原因;排名第二的省份是安徽省,随着安徽省研发经费支出的大幅度提高,为安徽省研发人员储备在近年来的大幅提升奠定了资金基础;江西省的研发经费内部支出远低于其他三省,因而在人员储备上显示不足。

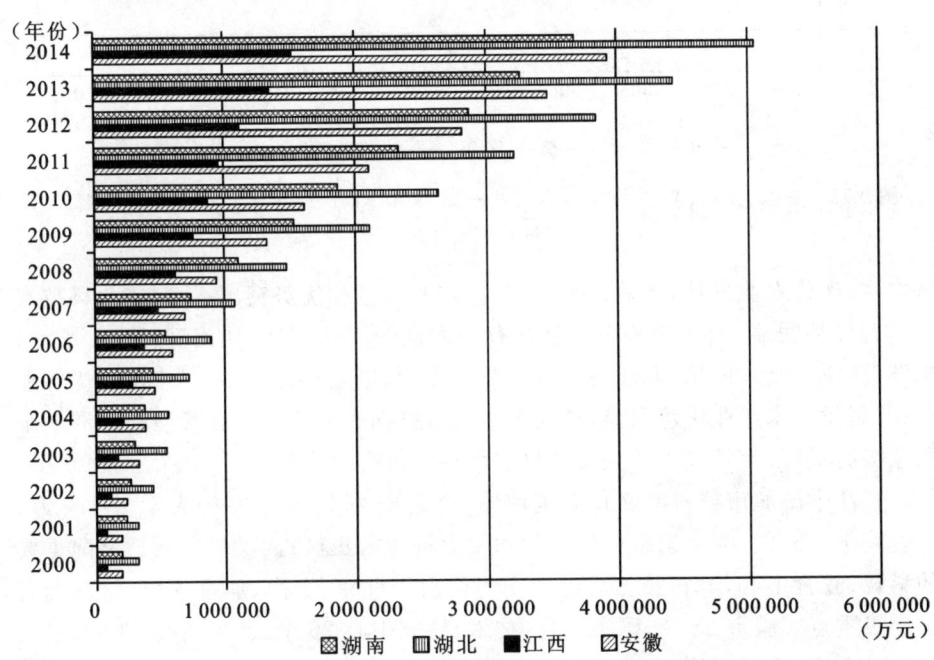

图 2-12　湖南、湖北、江西、安徽四省 2000—2014 年研究与试验发展(R&D)经费内部支出
(资料来源:编者整理)

图 2-13 显示了四省地方财政科技支出占地方 GDP 的比重,其基本变化特点与图 2-12 有一定的相似之处。

三、科技资源优势

长江中游城市群科技资源优势突出,主要表现在现代农业建设、制造业以及高新技术优势,这些表现主要依赖于长江中游城市群所具备的科教文化优势。科技资源优势主要表现在:①现代农业优势突出,长江中游城市群地处中国的鱼

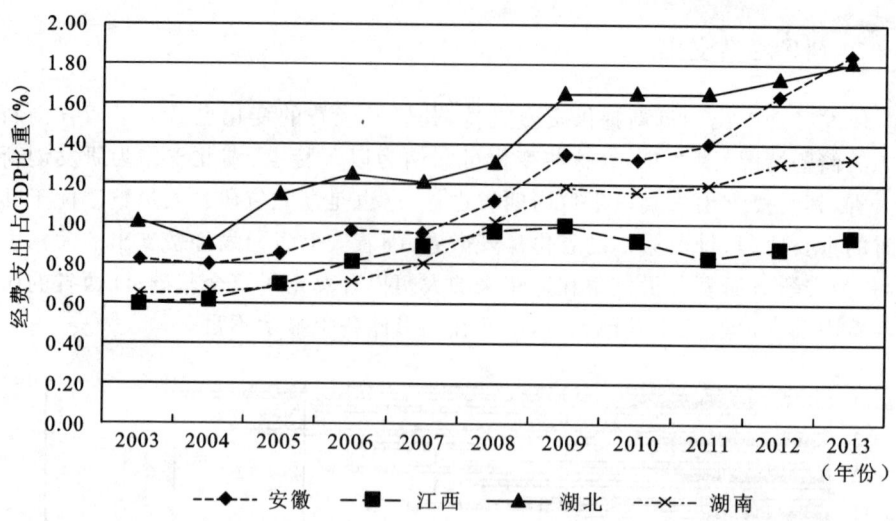

图 2-13　安徽、江西、湖北、湖南四省 2003—2013 年 R&D 经费支出占 GDP 比重(%)

(资料来源：编者整理)

米之乡，现代农业发达，产业化水平较高，农业特色和优势突出；②制造业科技水平提升优势明显，长江中游城市群拥有一大批老工业基地，如武汉、黄石、长沙、株洲、湘潭、衡阳、南昌、九江、景德镇、萍乡等，制造业基础雄厚，工业发展优势显著；③高新技术产业优势凸显，长江中游城市群拥有武汉、南昌、长沙和株洲 4 个国家级高新区，为长江中游城市群科技水平提供有力支撑。

长江中游城市群科教文化氛围浓厚，有高校 260 余所，在校大学生 277 万，两院院士 120 位，为全国重要的科教和智力资源密集区；武汉城市圈是全国重要的科技、教育中心，其科技教育综合实力仅次于北京、上海，居全国第三位；拥有国家级重点实验室 23 个，国家工程(技术)研究中心 20 个，普通高校 78 所，在校本专科学生 88 万人，各类专业技术人员 50 多万名；长株潭城市群以长沙为代表，长沙是全国的科教重镇，科技、人才和资源也较为密集，且职业教育体系也较为完善。

第三章 长江中游城市群创新能力评价

长江中游城市群作为中部地区重要的经济体与城市集团,其创新能力具有一定的比较优势。通过探讨长江中游城市群创新能力的演化规律,多角度、有针对性地提出有利于城市群创新能力提升的有效路径,在提高长江中游城市群的综合竞争力,打造继长三角、珠三角和京津冀之后引领我国经济发展的"第四极",为其他城市群建设提供参考,增强国家的科技创新实力,推进新常态下社会经济的快速稳定发展等方面具有重要意义。然而由于发展失衡等原因,长江中游城市群内部各地区经济实力与发展水平差距较大,创新能力参差不齐,在一定程度上对长江中游城市群的整体创新能力造成影响。

第一节 长江中游城市群创新能力的影响因素分析

城市群创新能力在相当程度上体现着城市群科技发展的实力和潜力,同时,它也是衡量城市群发展程度的一把重要标尺。当前,我国正在向建设创新型国家全速迈进,通过结合相关政府文件与前人研究成果,对城市群创新能力的内涵进行阐释,从知识存量、产业结构等4个方面分析城市群创新能力的影响因素,并测度长江中游城市群创新能力影响因素的作用程度,对进一步增强长江中游城市群创新能力水平及经济社会效益增长速率具有良好的促进作用。

一、影响因素体系

1. 知识存量

知识存量强调某一区域、系统或经济体,在某一特定阶段,对知识资源的占有总量。它是人类在长期认识世界和改造世界的过程中通过自身的学习和努力积累的成果,能够从某种程度上反映组织的知识生产水平与综合竞争力。它的特征主要包括下列6个方面:

(1)静态性。知识存量是人们在长期的生产活动和社会实践中获得知识的总和。它可以在某个确定的时间点进行测度,而并非在某段时间内,对知识生产过程进行观测得到的动态变量。

(2)时间性。知识存量是人们长期学习积累的成果,因此,不同的历史时期人们占有的知识总量会有所差异。在探讨知识存量时,必须明确具体的时间节点。

(3)非负性。知识存量会有高低多少之分,但绝不会为负数。知识虽然是无形的,却能够以某种物质为载体表现出来。比如,书本、图册、人才、技术都可以是知识载体,任何组织或经济系统一定会拥有若干知识载体,因此也都会具备一定的知识存量。

(4)空间性。知识存量的积累需要借助人力和物力,而人力和物力一般会存在于特定的空间区域范围内,因此知识存量具有空间界限。现代便捷的交通工具和电子通信条件,减少了距离对知识传播的阻碍,然而依然无法彻底消除知识存量的空间性。

(5)知识存量是关于时间的增函数。随着时间的流逝,知识存量只增不减。这是因为知识资源具有可再生性和无损耗性。人们会在探究世界本源的漫长征途中不断创造和获得新知识,并且已有的知识不会因为使用而减少或消失。在未实施人为强行干扰的条件下,知识存量一般都会朝着增加的方向发展。

(6)知识存量的增长具有波动性。知识存量增长的总体方向是确定的,但其过程并不稳定,增长速度有快有慢。

根据 Romer 的内生经济增长模型,知识存量是一个生产要素,可以对技术进步增长率发挥作用。知识存量是创新的源泉,能够为创新活动提供源源不断的支持和保障,同时,它也代表着创新的初始条件。城市群在开展创新活动时,一般需要将已有的知识存量作为基础,从中深入挖掘、提炼升华进而创造开发出新的知识或技术。城市群积累知识存量的广度将决定其评判外部知识的能力,城市群占有知识存量的深度则决定着其学习吸收新知识的速率。城市群在创新活动中是否占据优势地位在某种程度上源于知识资源储备量的多寡,掌握丰富知识存量的区域不仅学习吸收新知识的态度更加积极,而且往往更容易发现潜在的战略机会,对先进技术的引进和模仿能力突出,可以通过运用大量优质的知识资源提高自身的创新水平,实现模仿创新,最终脱颖而出。因此,增加知识存量对于提高城市群创新能力具有重要意义。

2. 创新投入

创新投入是促进创新能力提升的基石,创新活动的正常开展必须以资本和人才这两项核心要素为支撑。研发经费的投入规模、使用方向、资金利用率,以及研发人才的数量、知识结构、专业素养等因素对创新能力水平的高低与创新潜力的强弱具有重要影响。

R&D 经费主要有两方面的来源:一方面是各级政府部门的财政支出;另一

方面是企业的研发投入。前者一般投入于国家的公共基础领域或者特定的产业部门,这部分资金可以对社会闲散资金投资渠道形成示范和引领,同时,其所获得的研究成果具有扩散和溢出性,能够对企业更进一步的研发创新铸造根基,也有利于帮助企业规避在基础领域进行原始创新所伴随的高风险。后者是企业根据市场需求和自身产品特质,有针对性地自主选择创新项目进行投资,企业承担创新风险的同时享受创新收益。由于经营方式灵活,相对而言一般这种经费投入方式资金运转效率会更高,对创新绩效的提升具有较强的推动作用。R&D经费投入既可以直接充当生产要素,同时具有调配集聚其他创新要素的功能,对于加快研发速度和提高创新质量发挥着积极作用。R&D经费投入总量不仅体现了城市群对创新活动的重视程度,也反映了其研发规模和潜在产出。R&D经费投入多的城市群,研发规模相对更大,产生丰硕的创新成果的可能性更高。

R&D人力投入同样影响着城市群创新能力。研发人员是创新活动开展不可或缺的主体,作为创新实施者,其主观能动性发挥的程度直接影响创新产出。R&D人力投入既需要关注数量又需要重视质量。一般情况下,如果某个城市群R&D人员数量中具有优势且高学历、富有经验的人员所占比例较多,那么该城市群通常能够在创新竞争中抢占有利地位。

3. 创新环境

创新环境是创新活动根植的土壤,对创新能力的影响作用不言而喻。创新环境主要是从以下几个方面对城市群创新活动的开展形成约束或保障。

(1) 基础设施。便捷通达的交通工具、先进一流的通信设施、安全高效的信息网络等,是进一步简化交易流程、便捷信息传递、减少生产沟通成本、推动要素资源流动畅通、优化资源配置效率的重要基础。此外,随着基础设施条件的不断改善,为人才的吸纳与培养创造了良好环境,人才的集聚有利于思想的碰撞和新思想的产生。

(2) 政策环境。以我国当前的市场经济条件来看,市场作用的发挥尚未充分体现,还没有形成以企业为核心的创新体系,且即使在市场力量完全成熟的发达国家,也会存在市场失灵的情况。因此,城市群各级地方政府通过多元化的政策来对企业进行引导、规范、鼓励、支持就显得尤其重要。政府为进一步实现激发城市群创新动力,营造浓厚的创新氛围,帮助创新主体突破资金困境,简化行政办事流程,促进创新要素在城市群内形成集聚等重要目标,围绕资金、人才、科研、产业、税收等领域,制订并颁布相应的政策制度,有效规范创新市场,积极促进创新建设。

(3) 制度环境。制度是指为了实现某种目标或功能而设计的要求社会组织共同遵守的正式或非正式的办事规程或行为准则。一旦市场失灵的情况发生,制度可以通过约束手段控制其可能对创新活动产生的不良影响。制度环境主要包括政治制度、经济制度、科技制度、法律制度和市场制度等。不同的制度制订会产生不同的激励效果,将使城市群的创新能力产生较大的差异。科学合理的制度设计有利于激发创新主体的创新热情,保护其对创新成果的产权不受他人侵犯,承担创新风险的同时享受创新收益。对于城市群而言,政治制度、经济制度和法律制度都需要遵循国家宏观层面的整体安排,可能使制度环境存在差距的原因主要集中在科技制度和市场制度这两方面。科技制度包括各级地方政府制定的关于 R&D 经费的使用管理规定、科技工作的组织与落实、科技成果的考核与奖励办法等。市场制度最重要的衡量指标是对外开放度。对外开放程度的高低,不仅代表着进出口贸易联系的亲疏,同时是城市群获取外部知识机会多寡的直接体现。显而易见,对外开放度较高的城市群将获得更多的机会引进和学习吸收国外先进技术创新成果,这一方面可以对该城市群形成创新压力,逼迫其加快创新节奏,从而保持市场份额;另一方面有利于该城市群通过分享知识溢出红利,进行模仿创新提升自身的创新能力。

(4)服务环境。主要指创新中介服务机构与各类创新公共服务平台的建设和运行。创新活动的开展应该建立在市场需求的基础之上,同时,创新成果产生之后,需要对其进行推广,使其得到消费者的认可,这样创新主体才能获得相应的创新收益,从而保持创新动力。在需求调查与市场对接的过程中,创新中介机构与服务平台对于提高效率和降低交易费用功不可没。城市群的创新中介机构与服务平台相当于技术创新供求双方的桥梁与纽带,有利于减少信息不对称,优化资源配置效率,加快知识流动速度,同时,对技术需求的准确把握还有助于提高整体创新质量。

4. 产业结构

当前学术界更多关注的是创新能力对产业结构升级的推进,然而事实上,产业结构也可以对创新能力产生不小的影响。我们从产业结构专业化、产业结构多样化以及产业升级三个方面展开分析。马歇尔的产业区理论认为产业结构专业化将促进企业在一定地理范围内形成集聚,有助于本地化的知识积累;相通的社会文化氛围可以减少隔阂,降低创新活动风险;同行业企业的集中有利于推动创新竞争;产业内越来越细化的分工则能够促进专业知识的积累,加深企业员工对技术的熟练程度,从而激发新技术的问世。产业结构多样化使不同的产业处于相邻的地理空间,这有利于加强产业之间的合作,从而帮助创新主体获取互补性知识,或者颠覆传统思维,另辟蹊径,在交叉学科领域产生知识创新。产业升级对城市群创新能力的拉动作用分别体现在以下两个方面:

(1)需求拉动效应增强城市群内企业的创新能力。产业升级有利于扩大并细化国内和国际市场,进而扩张需求,吸引越来越多的企业进入市场。大量同质化的企业必然造成激烈的竞争,城市群中的各企业为了争夺消费者,保持并继续提高市场占有率,不至于在竞争中被淘汰出局,必须改良或引进技术,围绕市场需求,生产与竞争对手形成差异的产品,在此过程中,企业可能进行渐进式创新或突破式创新,提高研发创新能力。与此同时,新产品的开发并不是孤立的,它会带动上下游产业链,推进中间产品的研发,这不仅会提高对研发人才素质的要求,还会加剧R&D人员的流动,促进知识溢出与技术扩散,从而提高企业的创新能力。

(2)地区协同效应提升城市群整体创新能力。地区协同效应包括地区竞争和地区合作,它们都有利于提高城市群创新能力。产业转型升级要求地区改造传统产业,大力发展高新技术产业,在此环节中,不同城市群为了经济增长或地方政绩,会展开竞争,争先恐后地通过原始创新、模仿创新等多种手段加快产业升级速度,以超越其他城市群,这在客观上促进了创新能力的提升。另外,为了解决产业升级中共性的技术难题,城市群内部成员可以利用地缘优势,开展协同创新合作,进行资源互补,对关键技术共同攻关。实际上,城市群的协同合作创新十分有利于隐形知识的传播与扩散,不仅可以降低交易成本和不确定风险,还能提高创新成功率,为城市群创新能力的提升做出贡献。

二、实证检验

上一小节主要从4个方面分析了城市群创新能力的影响因素——知识存量、创新投入、创新环境和产业结构。因此,本节将选取部分指标,运用多元线性回归模型,以长江中游城市群为例,探析每种因素对创新能力的影响程度高低。

Romer(1990)提出的内生增长模型如下:

$$g = \delta H_t^\lambda A_t^\varphi \tag{3-1}$$

其中,g 为技术进步增长率,指投入科技研发领域的人力资本,代表可利用的知识存量;t 为某个时期。本书以内生增长模型为基础,再增加更多的创新能力影响因素,设立多元线性回归方程模型:

$$Y = \delta(X_1^{\beta_1}, X_2^{\beta_2}) X_3^{\beta_3} X_4^{\beta_4} \tag{3-2}$$

将此方程两边同时对数化,可得:

$$\ln Y = C + \beta_1 \ln X_1 + \beta_2 \ln X_2 + \beta_3 \ln X_3 + \beta_4 \ln X_4 + \varepsilon \tag{3-3}$$

其中,C 为截距项,ε 为误差项。鉴于长江中游城市群42个城市的专利数据最易获得,而且相对而言比较稳定可靠(Acs,Audretsch,1989),本书选择专利授权量指标来衡量创新能力。因变量 Y 为2014年各城市的专利授权量(件)。变量 X_1 表示影响城市群创新能力的知识存量因素,反映某个城市群当前的技术发展水平。学术界常用的衡量知识存量的指标是人均GDP与专利存量。人均GDP是区域经济发展与劳动力生产经营平均水平的重要体现,反映了区域对技术、知识、工艺等资源的利用与转化能力。3~5年的专利存量所能反映的知识存量相对有限,将其作为衡量标准未必准确,而人均GDP则能从更广泛的意义上代表创新能力的大小与水平。因此,本书考虑选取人均GDP(元)这一指标来衡量知识存量。变量X_2表示影响城市群创新能力的创新投入因素。创新投入可以分为人力和经费投入两方面,考虑到这两个指标之间存在相关性,兼顾数据可得性,我们仅选择科技支出占公共财政支出比例(%)这一个指标来衡量创新投入。变量X_3表示影响城市群创新能力的创新环境因素。由于基础设施、政策环境和服务环境偏向于定性指标,不易被量化,暂不考虑引入模型。制度环境中,对于城市群而言,存在的差距主要集中于科技制度和市场制度这两方面,而科技制度也不易量化,因此仅考虑市场制度。市场制度最重要的衡量指标是对外开放度,我们采用实际利用外商直接投资金额(万美元)指标来衡量市场制度,代表变量X_3。变量X_4表示影响城市群创新能力的产业结构因素。选用第三产业产值占GDP比重(%)指标衡量。

考虑到创新活动具有滞后性,从创新投入到创新产出需要一定时间,因此自变量指标全部采用2013年各城市数据。数据来源是《湖北省统计年鉴2014》《江西省统计年鉴2014》《湖南省统计年鉴2014》《安徽省统计年鉴2014》以及各地《2013年财政预算执行情况与2014年财政预算草案》。限于正文篇幅,原始数据参见附录1《长江中游城市群创新能力影响因素的相关数据》。

运用SPSS17.0进行多元线性回归,其结果如表3-1所示。

表3-1 回归模型估计结果

变量	非标准化回归系数		标准化回归系数 β	t 值	Sig.	多重共线性	
	β 值	标准误差				容忍度	VIF
截距项	-9.890×10^{-16}	0.082		0.000	1.000		
X_1	-0.038	0.091	-0.038	-0.420	0.677	0.835	1.198
X_2	0.238	0.097	0.238	2.461	0.019	0.739	1.353
X_3	0.699	0.114	0.699	6.148	0.000	0.535	1.868
X_4	0.091	0.098	0.091	0.928	0.360	0.727	1.376
R^2	0.744	调整 R^2	0.716	F 值	26.852	显著性	0.000
DW值	1.900						

资料来源:根据SPSS输出结果整理得到。

由表 3-1 可知,DW 统计值为 1.9,接近 2,序列相关不明显,回归方程可以解释总变差的 71.6%,F 统计量通过了检验,回归效果良好。方差扩大因子 VIF 较小,模型不存在多重共线性问题。进一步观察回归系数检验结果,只有 X_2 和 X_3 的 Sig. 值(P 值)小于 0.05,通过了 95% 水平下的显著性检验。截距项的 P 值为 1.000,大于 0.05,表示截距项与 0 无显著性差异,即模型中无截距项。根据回归模型估计结果拟合得到的回归方程如下:

$$\ln Y = 0.238 \ln X_2 + 0.699 \ln X_3 + \varepsilon \quad (3\text{-}4)$$

从此方程中,可以看出财政科技支出占比与实际利用外资总额两项指标对专利授权量具有正向作用,且实际利用外资总额指标的影响作用更强。财政科技支出占比每提高 1%,可以带动长江中游城市群的专利授权量增加 0.238%。这表明在长江中游城市群中,创新投入对创新能力的提升存在正向影响,验证了 Romer 的内生增长理论。同时,实际利用外资总额每提高 1 个百分点,专利授权量将增长 0.699 个百分点。此外,人均 GDP 对专利授权量产生负面影响,第三产业产值占 GDP 比重对专利授权量具有正向作用,然而这两项指标在统计上都不显著,表明在长江中游城市群中,人均 GDP 和第三产业占比对专利授权量的增加贡献不足。这并不意味着知识存量和产业结构不是城市群创新能力的影响因素,这两项解释变量在模型中不显著的原因:一是可能与所选择的具体衡量指标有关;二是可能由长江中游城市群的具体情况所决定。我们猜测,由于长江中游城市群的高新技术产业发展水平在全国并非处于领先地位,对 GDP 贡献较少,而专利授权的情况较多出现在高新技术产业。此外,根据上文的分析可知,产业结构因素通过地区协同效应带动城市群创新能力提升,长江中游城市群中是否形成上述协同效应仍有待进一步验证。

第二节 长江中游城市群创新能力的时间演化规律

我国正处于创新驱动发展的关键时期,长江中游城市群作为中部重要的城市集团,承载中部创新建设的重要使命。随着各级政府相关政策文件的出台,长江中游城市群创新发展取得重大成果。通过分析其创新能力的时间演化规律,探寻长江中游城市群总体、四大城市群内部和各城市群之间创新能力差异的变动趋势,有利于统筹规划长江中游城市群创新建设、进一步完善和修正政府政策工具。

一、泰尔熵模型构建

1. 衡量创新能力的指标选择

在探究长江中游城市群创新能力的演化规律时,限于42个城市数据的可得性,我们仅选取少数比较有代表性的指标来衡量其创新能力。创新能力的构成要素包括创新投入、创新产出、技术扩散和创新环境。而创新产出是最为直接反映创新能力的因素。创新产出体现为专利、论著、新产品和课题等多种形式。论著、新产品和课题都是创新产出的一部分,能够在一定程度上衡量创新能力。其中,论著和课题是新知识的载体,一般是高校或科研机构知识创新的直接成果;而新产品一般是工业企业创新活动的最终成果形式。在对地区创新能力的实际研究中,论著、课题和新产品这三类指标,或多或少地都存在种类划分和范畴确定的问题。而且论著和课题偏重于体现高校和科研机构的创新能力,新产品则侧重于体现企业的创新能力,指标与创新主体的不统一涉及到权重分配问题,使我们很难得出较为客观准确的结论。因此,在国内外对创新能力的研究文献中,专利数量是最常用的创新产出的替代指标。与其他创新产出指标相比,专利在衡量创新能力时所具有的优势在于:第一,专利与研发活动联系更加紧密,能够折射出一个地区的创新能力水平;第二,各地的专利授权标准是统一的;第三,专利统计数据比较容易从各地的统计年鉴中取得。当然,事物都具有两面性,以专利指标来衡量创新能力也存在一些不足之处,比如部分企业将其创新成果视为商业秘密,为了不对社会公开,并不向知识产权局申报专利。同时,专利数量的多寡与专利投产最终获得的经济价值的大小可能并不相匹配。尽管使用专利指标来衡量创新能力并不十分完美,但相较于专利的优势,本书依然决定使用专利数量指标来代表长江中游城市群创新能力的强弱。

我国的专利包括实用新型发明专利、外观设计专利以及发明专利3种类型,专利测度指标又可以分为专利申请量和专利授权量。专利申请量代表了一个地区的民众对创新活动的积极程度以及寻求专利保护的意愿;专利授权量衡量了所申报的专利是否符合标准,对于技术创新水平达到一定程度的专利给予官方授权。基于此,笔者认为,专利授权量更能反映真实的创新能力水平。此外,在评价地区创新能力强弱时,还应充分考虑当地的人口规模。对于一个人口规模总量巨大的地区,若其专利授权量与其他人口较少的城市相差无几,则认为前者的创新能力不如后者。综合上述因素,本书选择专利授权量和常住人口总量作为衡量创新能力的指标。

2. 研究方法选择

为测度长江中游城市群创新能力的时间演化规律,借鉴学术界测度收入不平等的几种方法:方差、变异系数、泰尔指数以及基尼系数,从中选择最适合的一种方法来测度长江中游城市群创新能力随着时间变化呈现出的差异性。

(1)方差。方差可用来说明专利授权量的离散程度。假设 $y_1,y_2,y_3\cdots y_i$ ($i=1,2,3\cdots n$)是一组各地区专利授权量的数据,n 表示所调查的地区数量,μ 为该组数据的数学期望,$(y_i-\mu)$ 为离差,以 S^2 表示方差。那么在不考虑人口规模的情况下,方差的计算公式为:

$$S^2=\frac{\sum_{i=n}^{n}(y_i-\mu)^2}{n} \tag{3-5}$$

以 p_i 表示第 i 个地区的人口规模占 n 个地区总人口规模的比例,在分组考虑人口规模的情况下,方差的计算公式是:

$$S^2=\sum_{i=1}^{n}p_i(y_i-\mu)^2 \tag{3-6}$$

所计算得出的 S^2 越大,就表示不同地区专利授权量的离散程度越大,这意味着各地区专利授权量差距较大,创新能力存在着显著的差别。方差是从绝对角度说明不同地区专利授权量的离散情况,由方差的计算公式可以看出,方差容易受到样本容量大小和变量本身的影响,所得出的结论可能有悖于现实情况。

(2)变异系数。变异系数是从相对角度来考量不同地区的专利授权状况,在这一点上优于方差的计算方法。以 V_s 表示标准差变异系数,其计算公式如下:

$$V_s=\frac{[\sum_{i=1}^{n}(y_i-\mu)/n]^{\frac{1}{2}}}{\mu} \tag{3-7}$$

变异系数可以用来反映某个地区专利授权量偏离所有地区平均水平的相对差距,变异系数值越大,就表示专利授权量的分布越不平衡。变异系数对专利授权量的衡量未考虑人口规模因素,因此不太科学。

(3)基尼系数(Gini coefficient)。20 世纪初意大利著名统计学家基尼根据洛伦茨曲线首次提出基尼系数的概念,它可以用来衡量财富、收入、消费等事物分布的不平等程度。用 G 表示区位基尼系数,N 表示所研究的地区数量,X_i 和 X_j 分别表示第 i 个地区和第 j 个地区的专利授权总量,$\bar{x}$ 表示所有地区专利授权数量的平均值。区位基尼系数的计算公式如下:

$$G=\frac{1}{2N^2\bar{x}}\sum_{i=1}^{N}\sum_{j=1}^{N}|x_i-x_j| \tag{3-8}$$

基尼系数是区间[0,1]之间的数值,当 $G=0$ 时,表示所有地区的专利授权量绝对平等,各地区的创新能力没有差距;基尼系数越大,表示专利授权量分布不平衡程度越高,创新能力差别越大;当 $G=1$ 时,表示所研究地区专利授权量空间集中度较高,创新能力绝对不平等。基尼系数是将社会经济现象数学化的研究方法,能从整体上反映不同地区的创新能力强弱差异。

(4)泰尔指数。泰尔指数(Theil index)或者泰尔熵标准(Theil entropy measure)的基本用途是研究某一经济社会现象分布不均衡的程度。它的最大特点在于空间可分解性,将研究对象按照其不同属性划分为不同的小组。利用泰尔指数,既可以研究长江中游城市群总体创新能力的非均衡程度和变化过程,又可以研究每个小组内和不同小组之间的非均衡程度。同时,根据局部差异对整体差异的贡献率,我们还可以判断出组内差异和组间差异对整体非均衡的贡献程度。假设各地区专利授权量分配的分布为 $X_i, i=1,2,3\cdots n, n$ 表示所研究地区的数量,以 μ 代表各地区的平均专利授权量,T 表示泰尔指数,那么泰尔指数的计算公式是:

$$T = \frac{1}{n} \sum_{i=1}^{n} \lg \frac{\mu}{x_i} \qquad (3\text{-}9)$$

泰尔指数的取值范围是区间$[0, \lg(n)]$。如果所研究地区的创新能力完全相同,那么 $T=0$。泰尔指数越大,说明各地区的专利授权量分布非均衡程度越高,创新能力存在明显差异。当 $T=\lg(n)$ 时,表示所研究的所有地区的专利全部集中在一个地区授权,创新能力的非均衡分布达到极致。

长江中游城市群可以分为武汉城市圈、江淮城市群、环鄱阳湖经济圈和长株潭城市群四大城市群,利用泰尔指数模型,既可以分析长江中游城市群总体的创新能力随时间变化的规律,又可以了解创新能力在四大城市群内部的差异和四大城市群之间的差异趋势,以及哪种差异对总体差异变化的影响程度更深,可见,泰尔熵模型具有其他几种方法无可比拟的优势。因此,最终选择泰尔熵模型作为探讨长江中游城市群创新能力随时间演化规律的研究方法。

3. 模型构建

泰尔熵模型是由荷兰著名经济学家 Theil 于 1967 年最早提出的,他利用信息理论中"熵"的概念计算得出的指数被称为泰尔指数。本书所用到的泰尔熵模型是零阶泰尔熵。根据式(3-9)的原理,长江中游城市群 42 个城市的泰尔熵模型可以用式(3-10)来表示:

$$T = \sum_{i=1}^{N} \left(\frac{P_i}{P}\right) \lg \left(\frac{P_i/P}{Y_i/Y}\right) \qquad (3\text{-}10)$$

其中,$N=42, i=1,2,3\cdots N, P_i$ 为第 i 个城市的人口规模,P 为 42 个城市的人口规模总量,Y_i 为第 i 个城市的专利授权量,Y 为 42 个城市专利授权量的总和。长江中游城市群 42 个城市的总体创新能力差异可以分解为:四大城市群内部差异(即武汉城市圈各城市差异、江淮城市群各城市差异、环鄱阳湖经济圈各城市差异和长株潭城市群各城市差异)和四大城市群之间的差异(即武汉城市圈、江淮城市群、环鄱阳湖经济圈和长株潭城市群四大城市群之间的差异),可以用下式表示：

$$T = T_I + T_B \tag{3-11}$$

式(3-11)中,T_I代表四大城市群内部的泰尔指数;T_B代表四大城市群之间的泰尔指数。

(1)四大城市群内分城市差异的泰尔熵模型：

$$T_I = (P_W/P) \cdot T_W + (P_H/P) \cdot T_H + (P_N/P) \cdot T_N + (P_C/P) \cdot T_C \tag{3-12}$$

在式(3-12)中,T_W代表武汉城市圈内部的泰尔指数,T_H表示江淮城市群内部的泰尔指数,T_N为环鄱阳湖经济圈内部的泰尔指数,T_C表示长株潭城市群内部的泰尔指数。P_W、P_H、P_N和P_C分别表示武汉城市圈、江淮城市群、环鄱阳湖经济圈和长株潭城市群的人口规模总量。

由于武汉城市圈涵盖了13个城市,因此武汉城市圈内分城市差异的泰尔熵模型如下：

$$T_W = \sum_{j=1}^{13} \left(\frac{P_j}{P_W}\right) \lg\left(\frac{P_j/P_W}{Y_j/Y_W}\right) \tag{3-13}$$

模型式(3-13)中,$j=1,2,3\cdots 13$,P_j表示第j个城市的人口规模,$P_W = \sum_{j=1}^{13} P_j$,$Y_j$为第$j$个城市的专利授权数量,$Y_W = \sum_{j=1}^{13} Y_j$。

同理,江淮城市群、环鄱阳湖经济圈与长株潭城市群的泰尔熵模型分别为：

$$T_H = \sum_{k=1}^{11} \left(\frac{P_k}{P_H}\right) \lg\left(\frac{P_k/P_H}{Y_k/Y_H}\right) \tag{3-14}$$

$$T_N = \sum_{l=1}^{10} \left(\frac{P_l}{P_N}\right) \lg\left(\frac{P_l/P_N}{Y_l/Y_N}\right) \tag{3-15}$$

$$T_C = \sum_{m=1}^{8} \left(\frac{P_m}{P_C}\right) \lg\left(\frac{P_m/P_C}{Y_m/Y_C}\right) \tag{3-16}$$

其中,Y_H、Y_N和Y_C分别表示江淮城市群、环鄱阳湖经济圈和长株潭城市群的专利授权总量。P_k、P_l和P_m分别为3个城市群中某一城市的人口规模,Y_k、Y_l和Y_m分别是3个城市群中某一城市的专利授权量。

(2)四大城市群之间差异的泰尔熵模型：

$$\begin{aligned} T_B = &(P_W/P)\lg\left(\frac{P_W/P}{Y_W/Y}\right) + (P_H/P)\lg\left(\frac{P_H/P}{Y_H/Y}\right) + \\ &(P_N/P)\lg\left(\frac{P_N/P}{Y_N/Y}\right) + (P_C/P)\lg\left(\frac{P_C/P}{Y_C/Y}\right) \end{aligned} \tag{3-17}$$

二、实证分析

以长江中游城市群作为研究对象,以武汉城市圈、江淮城市群、环鄱阳湖经济圈、长株潭城市群四大城市群的创新能力为研究目标,探析长江中游城市群创新能力随时间演化的规律。在对长江中游城市群创新能力的时间演化规律以及空间演化规律研究中,都选择2006—2014年这一时间段,原因有两方面:一是已有的文献研究表明城市群的创新能力在一定程度上依赖于宏观战略和政策规划的影响,2006年为我国"十一五"计划的开局之年,本章以2006年作为起始节点展开研究,有利于更加客观地反映长江中游城市群创新能力的演化规律。二是源于长江中游城市群范围内的四大城市群被提出的时间,2002年湖北省第八次党代会正式提出建设武汉"1+8城市圈"的发展战略;2006年湖南省第九次党代会上首次提出发展长株潭城市群;2008年安徽省致函国家发改委,请求构建江淮城市群并将其列入国家重点开发区;2009年国务院正式批复了《鄱阳湖生态经济区规划》。笔者认为虽然江淮城市群和环鄱阳湖经济圈被提出和批复的时间在2006年之后,但是由于这些区域城市布局的集中性和人口分布的密集性,城市群的事实形成时间应该在国家正式批复之前。综合考虑4个城市群被正式提出的时间,各项可能对区域创新能力产生影响的政策颁布的时间,兼顾数据的可得性,选择2006—2014年长江中游城市群42个城市的面板数据来研究其创新能力的时间演化规律。

本章的原始数据来源于《湖北统计年鉴(2007—2015)》《安徽统计年鉴(2007—2015)》《江西统计年鉴(2007—2015)》《湖南统计年鉴(2007—2015)》,以及长江中游城市群所涵盖的42个城市的国民经济与社会发展统计公报(2006—2014年),详细数据列于附录2《2006—2014年长江中游城市群专利授权量与常住人口统计数据》。

1. 长江中游城市群创新能力的泰尔熵演化规律

根据模型式(3-11)到式(3-17),利用2006—2014年长江中游城市群42个城市的专利授权量和人口规模统计数据,分别计算得出武汉城市圈、江淮城市群、环鄱阳湖经济圈以及长株潭城市群创新能力的泰尔指数,以及四城市群内部差异、四城市群之间差异和总体差异。具体结果见表3-2。

表 3-2　2006—2014 年长江中游城市群创新能力的泰尔指数

年份	武汉城市圈	江淮城市群	环鄱阳湖经济圈	长株潭城市群	四城市群内部差异	城市群之间差异	总差异
2006	0.2621	0.1602	0.1617	0.3889	0.2478	0.0387	0.2865
2007	0.2515	0.2166	0.1669	0.1876	0.2090	0.0274	0.2364
2008	0.2670	0.2576	0.1741	0.1933	0.2258	0.0276	0.2534
2009	0.2303	0.2868	0.1513	0.2139	0.2207	0.0322	0.2529
2010	0.2089	0.2072	0.1134	0.1797	0.1794	0.0431	0.2225
2011	0.2164	0.1642	0.1315	0.1467	0.1682	0.0698	0.2380
2012	0.2051	0.1287	0.1248	0.1758	0.1621	0.0640	0.2261
2013	0.1833	0.0976	0.0959	0.1458	0.1345	0.0591	0.1936
2014	0.1827	0.0773	0.0943	0.1624	0.1334	0.0403	0.1737

资料来源：根据 2007—2015 年湖北、安徽、江西、湖南四省份统计年鉴整理计算得出。

根据表 3-2 的泰尔指数计算结果，本章将进一步总结 2006—2014 年长江中游城市群创新能力随时间变化的规律。

1）四大城市群内部创新能力差异的时间演化规律

根据表 3-2，作出图 3-1 至图 3-5。由图 3-1，可以发现长江中游城市群所涵盖的四大城市群，创新能力的内部差异总体呈逐渐下降趋势，由 2006 年的 0.2865 下降到 2014 年的 0.1737。由模型式（3-12）可知，四城市群内部差异 $T_I = (P_W/P) \cdot T_W + (P_H/P) \cdot T_H + (P_N/P) \cdot T_N + (P_C/P) \cdot T_C$。四城市群内部差异的逐渐缩小，说明各城市群创新能力的泰尔指数在不断减小，这意味着随着四大城市群的形成，在多项政府创新政策的支持下，各城市群内不同城市之间的联系越来越紧密，通过相互合作和协同创新，各城市群内部的创新能力差异在逐渐缩小。另一方面，在图 3-1 中，武汉城市圈、江淮城市群、环鄱阳湖经济圈以及长株潭城市群的创新能力泰尔熵折线相互交错，但依然可以看出，武汉城市圈的泰尔熵折线在 2006—2014 年这 9 年间，除了 2006 年和 2009 年之外，始终保持在其他 3 个城市群之上，而环鄱阳湖经济圈几乎一直处于 4 条折线的最下方，这说明武汉城市圈的创新能力内部差异最大，而环鄱阳湖经济圈的创新能力内部差异最小。

下面逐一分析武汉城市圈、江淮城市群、环鄱阳湖经济圈以及长株潭城市群的创新能力变动趋势。

图 3-2 显示了武汉城市圈创新能力差异的泰尔熵趋势。由图可知，2006—2014 年，武汉城市圈创新能力的泰尔指数在 0.18～0.3 之间，并且总体呈下降

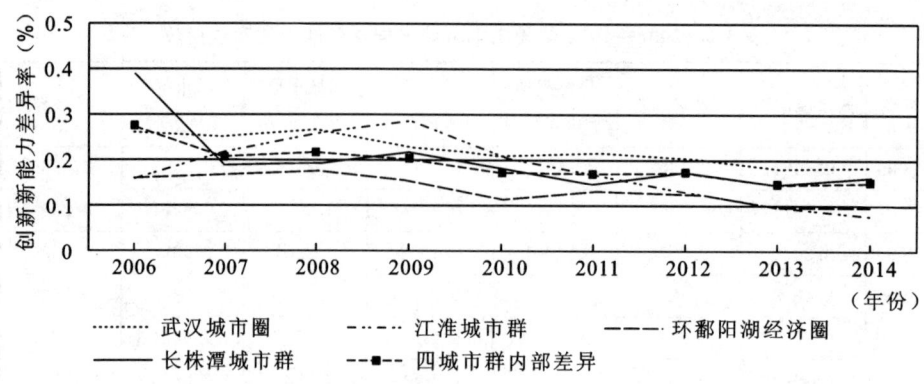

图 3-1 四大城市群内部创新能力差异的泰尔熵趋势图

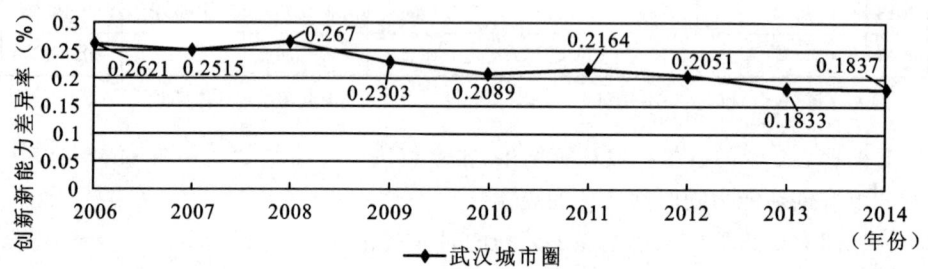

图 3-2 武汉城市圈创新能力差异的泰尔熵趋势图

趋势,由 2006 年的 0.2621 下降到 2014 年的 0.1827。这说明,在我们研究的 9 年中,2006 年武汉城市圈创新能力的内部差异最大,以后各年逐步缩小,渐趋均衡。这种现象可能与各级政府的政策引导有关,国家建设武汉城市圈的初衷就是以武汉市为核心,辐射和带动其他周边城市共同发展。通过加强城市之间的联系,协调各种创新要素,优化资源配置效率,最终实现武汉城市圈各城市创新能力的共同进步。

图 3-3 显示了江淮城市群创新能力差异的泰尔熵趋势。可以发现,2006—2009 年,江淮城市群创新能力的泰尔指数逐步增大,由 2006 年的 0.1602 上升到 2009 年的 0.2868,江淮城市群内部各城市创新能力差异逐步扩大。2009—2014 年,该泰尔指数呈下降趋势,由 2009 年的 0.2868 缩小到 2014 年的 0.0773,这意味着近 6 年来,江淮城市群内部各城市的创新能力差异在不断减小。

图 3-4 显示了环鄱阳湖经济圈创新能力差异的泰尔熵趋势。由折线图可以发现,2006 年以来,总体上环鄱阳湖经济圈内部各城市创新能力差异的泰尔熵值都不高,即环鄱阳湖经济圈内部创新能力差异程度较低,而且各城市创新能力

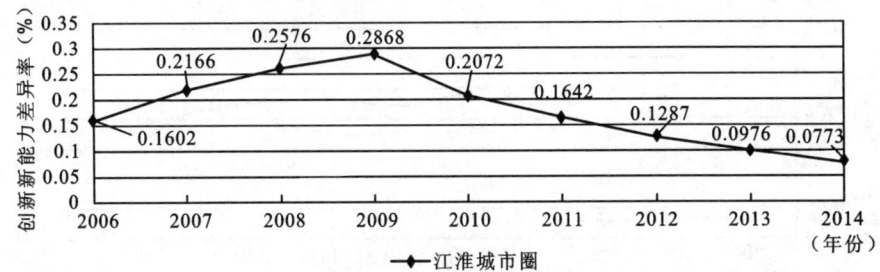

图 3-3　江淮城市群创新能力差异的泰尔熵趋势图

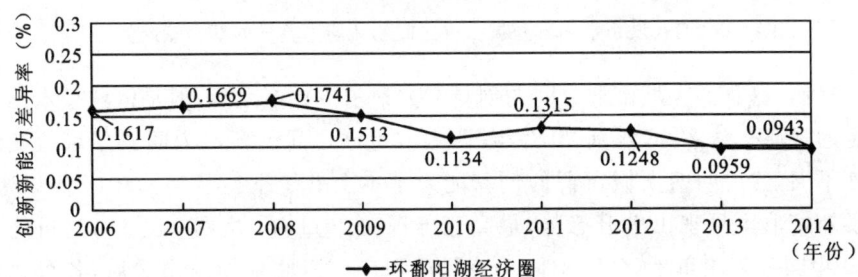

图 3-4　环鄱阳湖经济圈创新能力差异的泰尔熵趋势图

差异的泰尔指数呈波动式下降态势,由 2006 年的 0.1617 波动上升到 2008 年的 0.1741,继而下降到 2014 年的 0.0943。

图 3-5 显示了长株潭城市群创新能力差异的泰尔熵趋势。显然,长株潭城市群的创新能力泰尔指数 2006 年最高,达到了 0.3889,说明此时该城市群内各城市的创新能力差异比较显著,此后该泰尔熵值在波动中呈下降趋势,即长株潭城市群内部各城市创新能力渐渐平衡。

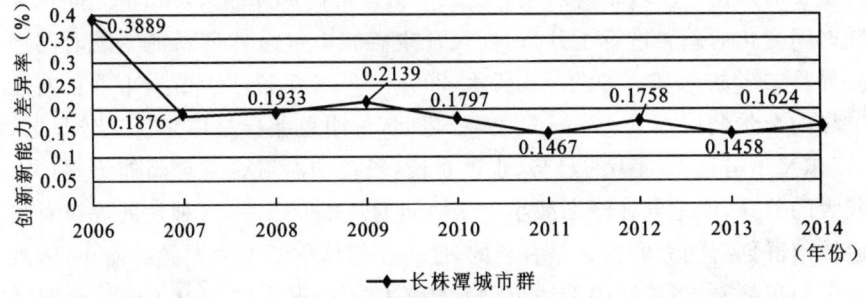

图 3-5　长株潭城市群创新能力差异的泰尔熵趋势图

2)四大城市群之间创新能力差异的时间演化规律

2006—2014 年四大城市群内部与四大城市群之间创新能力差异的泰尔熵趋势图如图 3-6 所示。

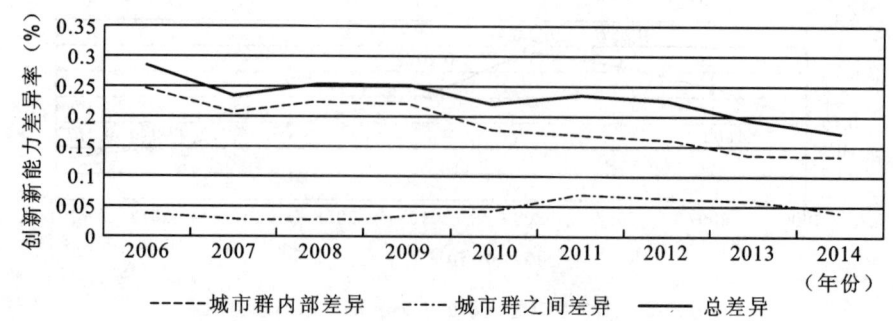

图3-6 四大城市群内部与城市群之间创新能力差异的泰尔熵趋势图

显然,尽管四大城市群之间的创新能力泰尔指数不太高,但是依然呈现出了一定的规律。从2006年到2010年,四大城市群之间创新能力的泰尔熵值变动幅度不大,这说明四大城市群的创新能力基本上处于平衡状态。2010年以来,该泰尔熵值则呈现出上升态势,最高值出现在2011年,达到0.0698,这可能与2010年国务院颁布了《全国主体功能区规划》有关,此规划发出之后,各级政府相继完善创新扶持政策,城市群所涵盖的各个城市通过加强创新联系与合作,努力提升城市群整体的创新能力,导致武汉城市圈、江淮城市群、环鄱阳湖经济圈与长株潭城市群之间的创新能力差异渐渐拉大。这说明长江中游城市群存在一定程度的"俱乐部收敛"现象——随着时间的推移,在创新活动的初始条件和结构等方面都相似的经济集团内部,创新能力趋于收敛,越来越平衡,而集团之间创新能力的差距却更加明显,表现出"强者愈强,弱者愈弱"的现象。

3)长江中游城市群总体创新能力差异的时间演化规律

上文对长江中游城市群所包含的四大城市群内部和四大城市群之间创新能力随时间变化的差异进行了分析,而长江中游城市群总体创新能力随时间演变的差异是二者的总和。如图3-6所示,2006—2014年长江中游城市群创新能力总差异的泰尔熵值在0.1737~0.2865之间,说明总差异整体来说比较显著,然而,泰尔熵值有逐渐缩小的趋势,也就是说,长江中游城市群创新能力整体上存在较大的差异,但差异在渐渐减小。从协同创新角度来看,这种发展规律对长江中游城市群创新能力的提升是有利的,原因是整体创新能力差异的缩小,客观上拉近了知识势差,当长江中游城市群所涵盖的4个城市群相对于同一参照系所存在的知识差距较小,且都保持在较高水平时,它们之间的创新互动将越来越协调和高效。

2. 局部差异对整体差异贡献率的变动规律

2006—2014年长江中游四大城市群内部及之间创新能力差异对整体差异

的贡献率如表3-3所示。为了更形象地反映局部差异对整体差异贡献率的变动规律,作出图3-7。

表3-3　2006—2014年四大城市群内部及之间创新能力差异对整体差异的贡献率

年份	武汉城市圈贡献率	江淮城市群贡献率	环鄱阳湖经济圈贡献率	长株潭城市群贡献率	四大城市群内部差异贡献率	四大城市群之间差异贡献率
2006	0.3260	0.1432	0.1474	0.3833	0.8649	0.1351
2007	0.3697	0.2301	0.1809	0.2192	0.8841	0.1159
2008	0.3620	0.2537	0.1748	0.2095	0.8911	0.1089
2009	0.3192	0.2862	0.1562	0.2386	0.8727	0.1273
2010	0.3542	0.2497	0.1439	0.2525	0.8063	0.1937
2011	0.3828	0.2287	0.1741	0.2142	0.7067	0.2933
2012	0.3768	0.1862	0.1716	0.2653	0.7169	0.2831
2013	0.4047	0.1700	0.1585	0.2671	0.6947	0.3053
2014	0.4044	0.1355	0.1564	0.3039	0.7680	0.2320

资料来源:根据表3-1的相关数据计算得出。

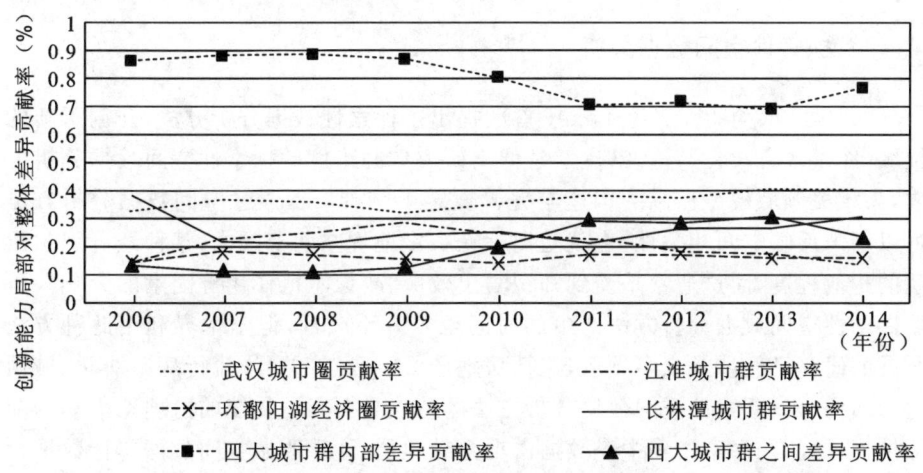

图3-7　2006—2014年长江中游城市群创新能力局部差异对整体差异贡献率的变动趋势图

由图3-7可以发现,长江中游四大城市群创新能力内部差异对整体差异的贡献率持续较高,2006—2009年该贡献率比较平稳,2010年以后呈现出下降的趋势。长江中游四大城市群之间创新能力差异对整体差异的贡献率虽然相对较低,但也不容忽视,因为该贡献率自2010年之后呈现出上升态势。据此,笔者认为,对于长江中游城市群创新能力的差异,4个城市群的内部差异是主要因素,城市群之间创新能力的差异是次要因素,但随着时间的推移,各城市群的继续发展,存在次要因素上升为主要因素的可能性。具体到各个城市群来说,从历年情况综合来看,武汉城市圈内部创新能力差异对长江中游城市群创新能力整体差异的贡献率最高,环鄱阳湖经济圈内部创新能力差异对长江中游城市群创新能力整体差异的贡献率最低。这同时验证了前文"武汉城市圈的创新能力内部差异最大,而环鄱阳湖经济圈的创新能力内部差异最小"的结论。

第三节 长江中游城市群创新能力的空间演化规律

由于受到区位条件和政策因素的影响,即使在同一年份,长江中游城市群的创新能力在不同城市也存在着较大的差异。此外,一个地区的创新能力强弱不仅取决于自身条件,同时还与周边地区的创新能力高低密切相关。换言之,区域之间的创新活动存在或多或少的空间交互作用,即空间相关性。创新能力空间演化规律的研究与分析有利于掌握长江中游城市群创新发展的地区分布情况,进一步推动城市群协调、均衡发展。

一、探索性空间数据分析

20世纪60年代,学者Tukey首次提出了探索性数据分析方法,开创了新的领域,经过多方改良与演变,逐渐延伸出研究空间维度的探索性空间数据分析方法,为相关领域模型体系的构建与完善奠定了基础。探索性空间数据分析方法可以用来反映空间相关性,也就是揭示在一定地理空间范围内,某种经济现象出现的相似程度,而这通常是受到知识溢出效应、政策示范作用等因素的影响。虽然探索性空间数据分析方法产生的时间至今并不久远,但学术界利用此种方法所做的研究已经涉及众多领域,包括房地产、区域经济差异、流行病犯罪学、城镇空间结构等。探索性空间数据分析方法的特点是摒弃了传统的由理论推动的演绎推理过程,在探索过程中令数据占据主导地位,注重原始空间数据,"让数据自己说话",从而使最终获得的研究结果更加贴近客观事实。探索性空间数据分析方法主要涵盖全局空间自相关检验和局部空间自相关分析两项重要分支,二者相互联系。其中前者的目的是判断空间自相关现象是否存在,如果存在,才可以继续进行局部空间自相关分析,用以研究空间自相关现象具体存在于哪些区域。度量全局空间自相关的指标包括 Moran's I 指数,Geary 指数 C 和 Getis 测度 G 等,其中最为常用的是 Moran's I 指数。局部空间自相关分析的度量主要是基于 Moran 散点图、G 统计量以及 LISA 显著性水平图等,本书中选用 Moran 散点图进行分析。

1. 基于 Moran's I 指数的全局空间自相关检验

该检验主要分析空间位置相近的区域单元的相似性存在与否。在研究中，空间统计学最常用的统计量是空间自相关指数——Moran's I。在计算 Moran's I 指数之前，需要先构造各区域的空间权重矩阵。为了表达 n 个研究对象的空间邻近关系，通常定义空间权重矩阵 W_{ij} 如下：

$$W_{ij}=\begin{bmatrix} w_{11} & w_{12} & \cdots & w_{1n} \\ w_{21} & w_{22} & \cdots & w_{2n} \\ \cdots & \cdots & \cdots & \cdots \\ w_{n1} & w_{n1} & \cdots & w_{m} \end{bmatrix} \quad (3\text{-}18)$$

该矩阵中各元素的取值原则是：

$$W_{ij}=\begin{cases} 1 & \text{当区域 } i \text{ 和区域 } j \text{ 有共同边界时} \\ 0 & \text{当区域 } i \text{ 和区域 } j \text{ 不相邻时} \end{cases} \quad (3\text{-}19)$$

Moran's I 指数公式定义如下：

$$\text{Moran's } I = \frac{\sum_{i=1}^{n}\sum_{j=1}^{n} W_{ij}(Y_i-\overline{Y})(Y_j-\overline{Y})}{S^2 \sum_{i=1}^{n}\sum_{j=1}^{n} W_{ij}} \quad (3\text{-}20)$$

式(3-20)中，n 表示区域数量，Y_i/Y_j 代表第 i/j 个区域的观察值，W_{ij} 为上文定义的二进制空间权重矩阵，$\overline{Y}=\frac{1}{n}\sum_{i=1}^{n}Y_i$，$S^2=\frac{1}{n}\sum_{i=1}^{n}(Y_i-\overline{Y})^2$。Moran's I 指数的取值在区间 $[-1,1]$ 之间，当 Moran's I 指数大于 0 时，表示所研究的经济现象存在正向的空间自相关，在空间布局中属性相似的区域倾向于形成集聚，即高值相互邻近，低值相互邻近；当 Moran's I 指数小于 0 时，意味着所研究的经济现象存在负向的空间自相关，在空间布局中相异的属性值相对集中在某一块状区域，即高值与低值相互邻近。当 Moran's I 指数等于 0 时，说明不存在相关性，各区域的经济属性完全相互独立，观测对象随机分布。Moran's I 指数的绝对值越大，表明所存在的自相关性越强。需要指出的是，根据公式(3-20)计算得出的 Moran's I 指数值是否显著还须经过进一步检验。假设观测数据服从正态分布，相应的 Z 检验统计量为：

$$Z=\frac{\text{Moran's } I - E(\text{Moran's } I)}{\sqrt{\text{Var}(\text{Moran's } I)}} \quad (3\text{-}21)$$

$$E(\text{Moran's } I) = -\frac{1}{n-1} \quad (3\text{-}22)$$

$$\text{Var}(\text{Moran's } I) = \frac{n^2 w_1 + n w_2 + 3 w_0^2}{w_0^2(n^2-1)} - [E(\text{Moran's } I)]^2$$

$$(3\text{-}23)$$

式(3-23)中,$w_0=\sum_{i,j}w_{ij}$,$w_1=[\sum_{i,j}(w_{ij}+w_{ji})^2]/2$,$w_2=\sum_i(w_{i\cdot}+w_{\cdot i})^2$,其中 $w_{i\cdot}$ 和 $w_{\cdot i}$ 分别代表空间权重矩阵 W_{ij} 的第 i 行和第 i 列的元素之和。当 Z 得分大于 1.65 或小于 −1.65 时,说明 Moran's I 指数值在 90% 的显著性水平上通过检验,反之则说明 Moran's I 指数值未通过显著性检验,接受所研究的经济现象之间不存在自相关性的原假设。也可以用 P 值来判断显著性检验是否通过:当 P 小于 0.05 时,则显著性检验通过,P 值越小,即指示统计越显著。

2. 基于 Moran 散点图的局域空间自相关分析

全局空间自相关侧重于从整体上把握某个空间范围之内是否存在空间相互作用,如果存在,要进一步分析究竟是哪些地区对邻近样本区域产生了影响,就需要用到局部空间自相关分析。局域空间自相关(Local Spatial Auto-correlation)是衡量局部地区是否存在相同或相异属性值集聚的一项指标。其中,局域空间关联指标的计算公式如下所示:

$$\text{Local Moran's } I = \frac{(Y_i - \overline{Y})}{S^2} \sum_{j=1}^{n} w_{ij}(Y_j - \overline{Y}) \qquad (3\text{-}24)$$

式(3-24)中各变量的含义与上文相同。局域 Moran's I 指数的取值同样介于区间[−1,1]之间。根据其取值的不同,可以将研究对象划分为 4 种类型:Low-Low 型(L-L),High-High 型(H-H),Low-High 型(L-H)和 High-Low 型(H-L),各种类型所代表的具体含义下文将做出详细解释。当局域 Moran's I 指数的取值大于 0 时,表示样本区域 i 与其邻近地区存在"L-L"或"H-H"型的正自相关关系,属性相似的地区集聚在一起;当局域 Moran's I 指数的取值小于 0 时,说明样本区域 i 与其相邻地区存在"H-L"或"L-H"型的负自相关关系,则属性相异区域亦形成集聚。此外,局域 Moran's I 指数亦可将 Z 统计量作为工具,对其显著性进行分析与检验。

鉴于下文将采用 Moran 散点图来分析局域空间自相关关系,所以在此先对 Moran 散点图的空间分布做出介绍。图 3-8 显示了 Moran 散点图的空间分类。

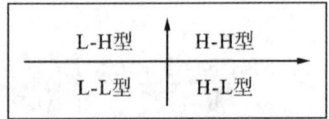

图3-8 Moran 散点图的空间分类

图 3-8 中,位于第一象限的点属于 H-H 型:表示样本区域 i 与其周边地区的属性值均较高,它们的空间差异程度较小,存在正向的空间自相关性,集聚性突

出。位于这一坐标空间的城市被称为"扩散型"城市。

位于第二象限的点属于 L-H 型：表示样本区域 i 属性值较低，而与 i 相邻的区域属性值较高，它们的空间差异程度较大，存在空间负相关性，异质性和分散性突出。位于这一坐标空间的城市被称为"沉陷型"城市。

位于第三象限的点属于 L-L 型：表示样本区域 i 与其周边地区的属性值均较低，它们的空间差异程度较小，存在空间正相关性，相似性突出。位于这一坐标空间的城市被称为"传染型"城市。

位于第四象限的点属于 H-L 型：表示样本区域 i 自身属性值较高，其周边地区属性值较低，它们的空间差异程度较大，存在负向的空间自相关性，异质性和分散性突出。位于这一坐标空间的城市被称为"极化型"城市。

二、实证分析

陈劲等（2003）指出创新能力是有效激活、整合、创造和实现知识价值的能力。罗默提出的知识溢出理论认为知识与普通商品的区别就在于知识具有溢出效应。长江中游城市群各成员之间以良好的基础设施与信息化建设为基础，利用通信、网络等技术，按照"研发与探索—模仿与学习—整合与配置—应用与转化"的合作路线，进一步加速城市群内部知识流动与信息传递的速度与效率，保障各成员间合作交流的及时、有效与畅通，实现"资源共享，互助共赢"的重要目标。

1. 长江中游城市群创新能力的全局空间相关性检验结果

本节将采用与上文相同的反映长江中游城市群创新能力的指标——专利授权量和常住人口总量，计算得出各个城市每 10 万人专利授权量，并以此指标计算 Moran's I 指数，同时进行全局空间相关性的检验。运用 ArcGIS 软件计算 Moran's I 指数值，各年份的计算结果如表 3-4 所示。

表 3-4 长江中游城市群创新能力的 Moran's I 指数值

年份	2006	2007	2008	2009	2010	2011	2012	2013	2014
Moran's I	−0.0926	−0.0434	−0.0727	0.0385	0.2087	0.2575	0.3432	0.3863	0.3437
P 值	0.4163	0.8406	0.6065	0.4714	0.0116	0.0029	0.0001	0.0000	0.0002
Z 得分	−0.8129	−0.2011	−0.5151	0.7202	2.5250	2.9749	3.8970	4.2243	3.7256

资料来源：作者计算得出。

根据统计学常识，当 Z 得分大于 1.96 或小于 −1.96 时，或者 P 值小于

0.05时，即可判定样本在95%的置信水平下通过了显著性检验，拒绝原假设H_0：长江中游城市群创新能力不存在全局空间相关性。从表3-4中，可以发现2006—2009年，Moran's I指数值虽然可以计算得出，但却并不显著。从2010年开始，Moran's I指数全部通过了显著性检验，说明长江中游城市群各成员并不是独立发展、相互隔绝的创新主体，它们之间存在一定的空间交互作用。而且Moran's I指数值在逐年增大，从2010年的0.2087增加到2013年的0.3863，增长了近1倍，2014年Moran's I指数值略微缩小到0.3437，如图3-9所示。Moran's I指数为正，表示存在正向的空间自相关，创新能力强的相似地区倾向于相互形成集聚，反之，创新能力弱的地区也呈现出集聚分布态势。

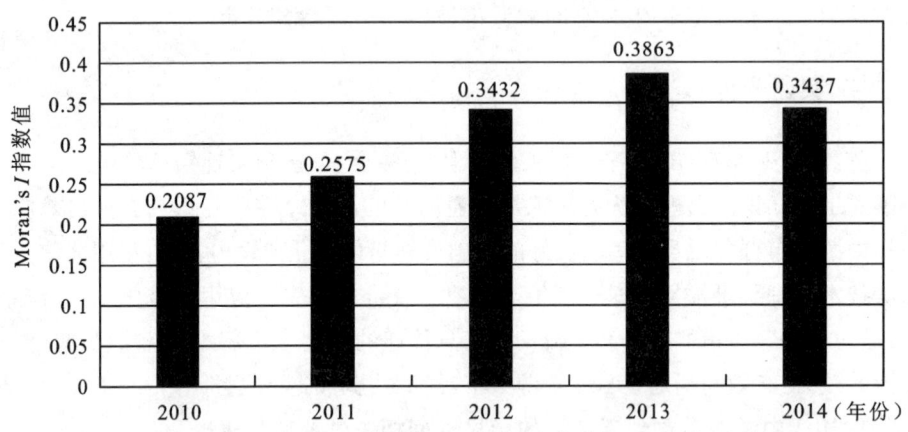

图3-9　2010—2014年长江中游城市群创新能力Moran's I指数变化图

上文已经指出，Moran's I指数的绝对值越大，表明所存在的自相关性越强。同时，对于不同时间的同类要素的分布模式，Z分值越高，则代表集聚程度越高。综合这两点，显然长江中游城市群的创新能力在2010—2013年空间相关性逐渐增强，创新能力属性相似的地区集聚程度不断提高，2014年这种空间相关性程度略微下降。这可能是源于2010年以来，城市群成员之间经济联系更加紧密，创新合作越来越频繁高效。需要指出的是，该结论与前文中得出的从2010年开始，武汉城市圈、江淮城市群、环鄱阳湖经济圈与长株潭城市群之间的创新能力差异渐渐拉大的结论遥相呼应，随着创新主体集聚现象的出现，"强者愈强，弱者愈弱"的法则进一步得到了印证。创新能力水平较强的地区掌握着有利的创新要素，在与周边同样层次城市的互动交流中，知识、技术与资源的共享，必将为下一阶段的创新活动注入强大的源动力，从而推动创新能力的更高层次提升。相反,对于创新能力较弱的集聚地区,创新要素不充足、资源配置不恰当将直接对创新能力的提高形成难以逾越的阻碍。因此,这种不同层次水平的资源要素的互动与作用导致了上述现象的产生。

2. 长江中游城市群创新能力的局域空间 LISA 分析

前文已经证实 2010 年以后,长江中游城市群创新能力存在空间相关性,为了从个体角度探明长江中游城市群 42 个成员城市与其邻近城市的相对空间依存关系以及随时间演变的情况,本书利用 GeoDa 软件绘制出 2010—2014 年 42 个城市的 Moran 散点图,如图 3-10 至图 3-14 所示。

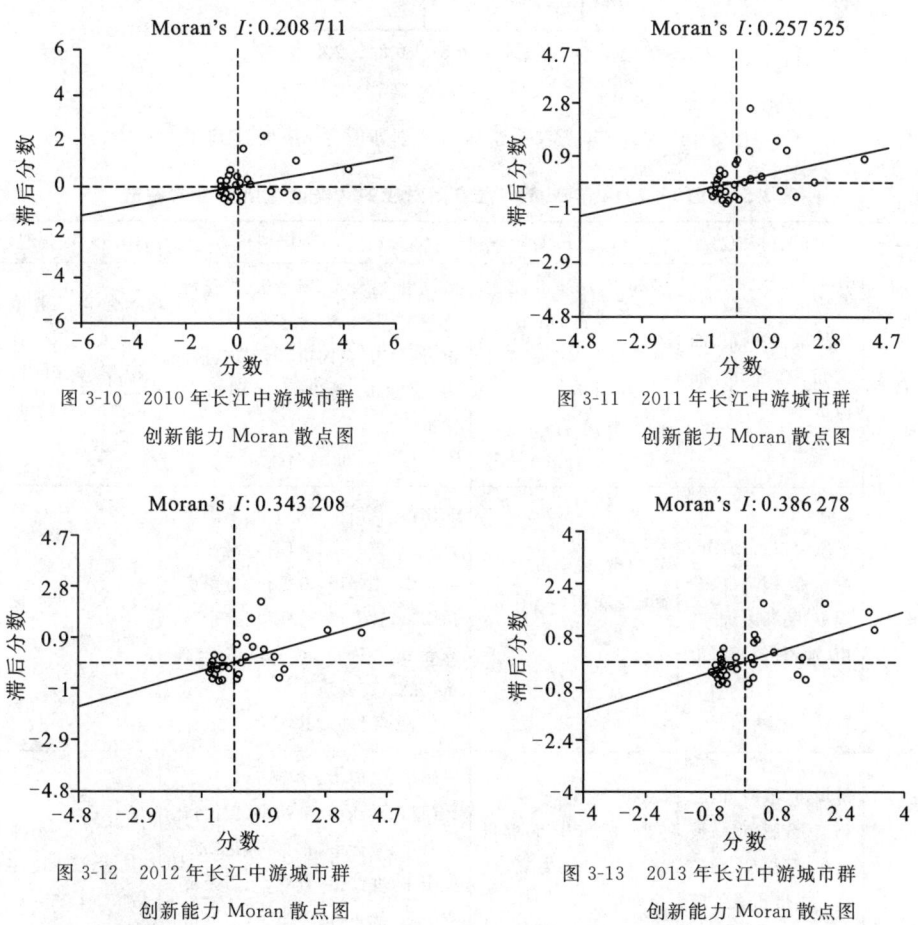

图 3-10 2010 年长江中游城市群创新能力 Moran 散点图

图 3-11 2011 年长江中游城市群创新能力 Moran 散点图

图 3-12 2012 年长江中游城市群创新能力 Moran 散点图

图 3-13 2013 年长江中游城市群创新能力 Moran 散点图

为了能够更加清晰地辨明 Moran 散点图中 4 类区域所涵盖的城市,整理出表 3-5。

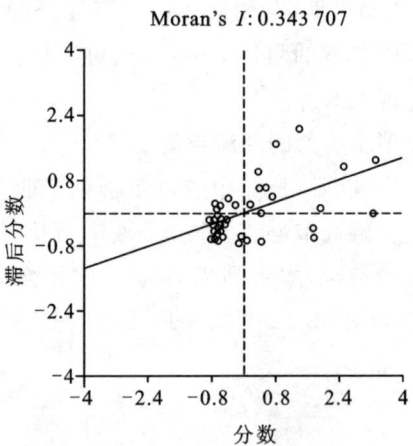

图 3-14　2014 年长江中游城市群创新能力 Moran 散点图

表 3-5　2010—2014 年 Moran 散点图对应的 4 类区域所包含的城市

年份	H-H 型（扩散型）	L-H 型（沉陷型）	L-L 型（传染型）	H-L 型（极化型）
2010	马鞍山市、宣城市、铜陵市、芜湖市、淮南市、株洲市、湘潭市 （共 7 个）	池州市、滁州市、娄底市、萍乡市、衡阳市、六安市、安庆市、孝感市、鄂州市、咸宁市、仙桃市、黄石市 （共 12 个）	鹰潭市、宜春市、新余市、吉安市、抚州市、上饶市、景德镇市、九江市、荆门市、黄冈市、天门市、潜江市、常德市、荆州市、岳阳市、益阳市 （共 16 个）	合肥市、蚌埠市、武汉市、宜昌市、襄阳市、长沙市、南昌市 （共 7 个）
2011	马鞍山市、宣城市、滁州市、铜陵市、蚌埠市、芜湖市、淮南市、池州市、湘潭市 （共 9 个）	鄂州市、咸宁市、六安市、娄底市、衡阳市、萍乡市 （共 6 个）	襄阳市、宜昌市、荆门市、孝感市、黄冈市、黄石市、天门市、潜江市、仙桃市、荆州市、常德市、益阳市、岳阳市、吉安市、抚州市、新余市、宜春市、上饶市、景德镇市、鹰潭市、九江市、安庆市 （共 22 个）	合肥市、武汉市、长沙市、株洲市、南昌市 （共 5 个）
2012	蚌埠市、淮南市、滁州市、合肥市、马鞍山市、芜湖市、铜陵市、池州市、宣城市、湘潭市 （共 10 个）	六安市、安庆市、鄂州市、萍乡市、娄底市、衡阳市 （共 6 个）	襄阳市、荆门市、孝感市、仙桃市、天门市、潜江市、荆州市、黄冈市、黄石市、咸宁市、常德市、岳阳市、益阳市、九江市、宜春市、新余市、吉安市、抚州市、鹰潭市、上饶市、景德镇市 （共 21 个）	长沙市、株洲市、武汉市、宜昌市、南昌市 （共 5 个）

续表 3-5

年份	H-H 型（扩散型）	L-H 型（沉陷型）	L-L 型（传染型）	H-L 型（极化型）
2013	湘潭市、蚌埠市、淮南市、滁州市、合肥市、宣城市、马鞍山市、芜湖市、铜陵市、池州市（共 10 个）	鄂州市、萍乡市、娄底市、六安市、安庆市（共 5 个）	襄阳市、荆门市、孝感市、仙桃市、天门市、潜江市、黄冈市、黄石市、咸宁市、荆州市、常德市、益阳市、岳阳市、衡阳市、吉安市、抚州市、鹰潭市、上饶市、景德镇市、九江市、宜春市、新余市（22 个）	宜昌市、武汉市、南昌市、株洲市、长沙市（共 5 个）
2014	蚌埠市、淮南市、合肥市、滁州市、宣城市、马鞍山市、铜陵市、芜湖市、池州市、湘潭市（共 10 个）	鄂州市、六安市、安庆市、萍乡市、娄底市（共 5 个）	襄阳市、宜昌市、荆门市、荆州市、仙桃市、天门市、潜江市、孝感市、黄冈市、黄石市、咸宁市、岳阳市、常德市、益阳市、衡阳市、九江市、吉安市、抚州市、鹰潭市、上饶市、景德镇市、宜春市（共 22 个）	武汉市、长沙市、株洲市、南昌市、新余市（共 5 个）

表 3-5 呈现最明显的特征包括：

第一，H-H 型所涵盖的城市数量近年来不断增加，由 2010 年的 7 个增加到 2014 年的 10 个。这表明长江中游城市群中具有较强创新能力的城市在明显增多。这些城市不仅自身创新能力比较强，而且与其邻近的地区创新活动水平同样比较高。

第二，L-H 型城市数量逐渐减少，由 2010 年的 12 个缩减到 2014 年的 5 个。这些城市自身创新水平较弱，但其周边城市创新水平较高。显然，邻近区域雄厚的创新实力或多或少会对 L-H 型城市产生积极的影响。这可能源于知识溢出或者创新资源共享。滁州市和池州市是两个有代表性的例子，在 2010 年时，这 2 个城市都属于"沉陷型"城市，经过一段时间的发展，它们逐步跻身于 H-H 区域，自身的创新能力得到了可观的提升，几乎与周边高创新水平地区无太大差异。然而另外一部分城市，如黄石市、孝感市、仙桃市、衡阳市以及咸宁市等却由"沉陷型"城市继而转变为"传染型"城市，不但其自身的创新能力没有得到有力的提升，同时其周边的城市也未能保持较高的创新活动水平。

第三，L-L 型城市数量有所增加并逐渐保持平稳，由 2010 年的 17 个城市增加至 2011 年的 22 个，此后一直保持在 22 个左右。这些城市不仅自身创新水平不高，而且其邻近城市的创新能力同样较弱。同时，纵观 5 个年度的 L-L 型城市，可以发现，鹰潭市、宜春市、吉安市、抚州市、上饶市、景德镇市、九江市、荆门市、黄冈市、天门市、潜江市、常德市、荆州市、岳阳市、益阳市等城市从 2010 年到

2014年保持了相同的空间相关类型,始终属于 L-L 型,这说明该类型城市存在相当程度的空间稳定性,各个城市希望脱离原来的空间相关类型,具有一定的困难。为了从整体上提高长江中游城市群的创新水平,应该重点关注这些地区的创新能力发展。

第四,H-L 型城市基本保持在 5 个(除了 2010 年有 7 个),以武汉市、长沙市、南昌市和株洲市为主,其中 3 个为长江中游城市群的省会城市。说明武汉市、长沙市和南昌市的创新能力水平都比较高,然而,在空间上,与这 3 座城市相邻近的地区创新水平却不尽如人意,这 3 个核心城市在创新能力提高方面的带动作用不明显。

此外,H-H 型和 L-L 型城市数量的增加也从另一个角度验证了长江中游城市群存在一定程度的"俱乐部收敛"现象,具有相似创新水平的城市在空间上有集聚趋势。可能的原因是:同层次的城市在政策制度、劳动力素质、资本流动等方面更加相似,而且所存在的知识势差较小,城市之间的创新活动形成了频率较高的互动交流关系。

为了检验长江中游城市群创新能力的局域空间显著性,对 Moran 散点图形成补充,并且更加形象直观地展现各城市创新能力集群的空间分布格局,利用 GeoDa 软件绘制出 2010—2014 年局域空间自相关 LISA 集群图,如图 3-15 至图 3-19 所示。以不同的颜色分别对应 Moran 散点图中的 4 个坐标空间:红色区域(a)代表第一象限 H-H 型;浅蓝色区域代表第二象限 L-H 型;蓝色区域(b)代表第三象限 L-L 型;粉色区域(c)代表第四象限 H-L 型;白色区域(d)表示 Local Moran's *I* 指数不显著的城市。

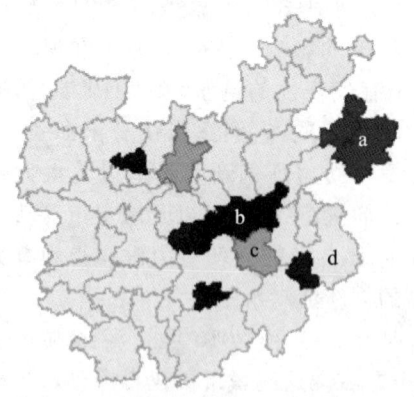

图 3-15 2010 年长江中游城市群创新能力 LISA 集群图

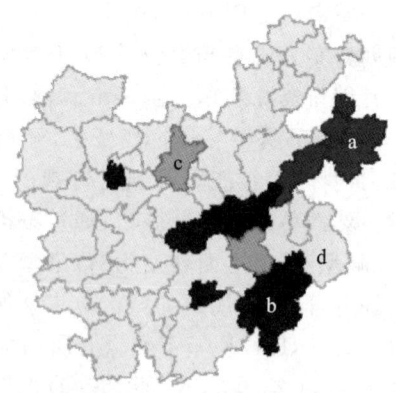

图 3-16 2011 年长江中游城市群创新能力 LISA 集群图

第三章 长江中游城市群创新能力评价

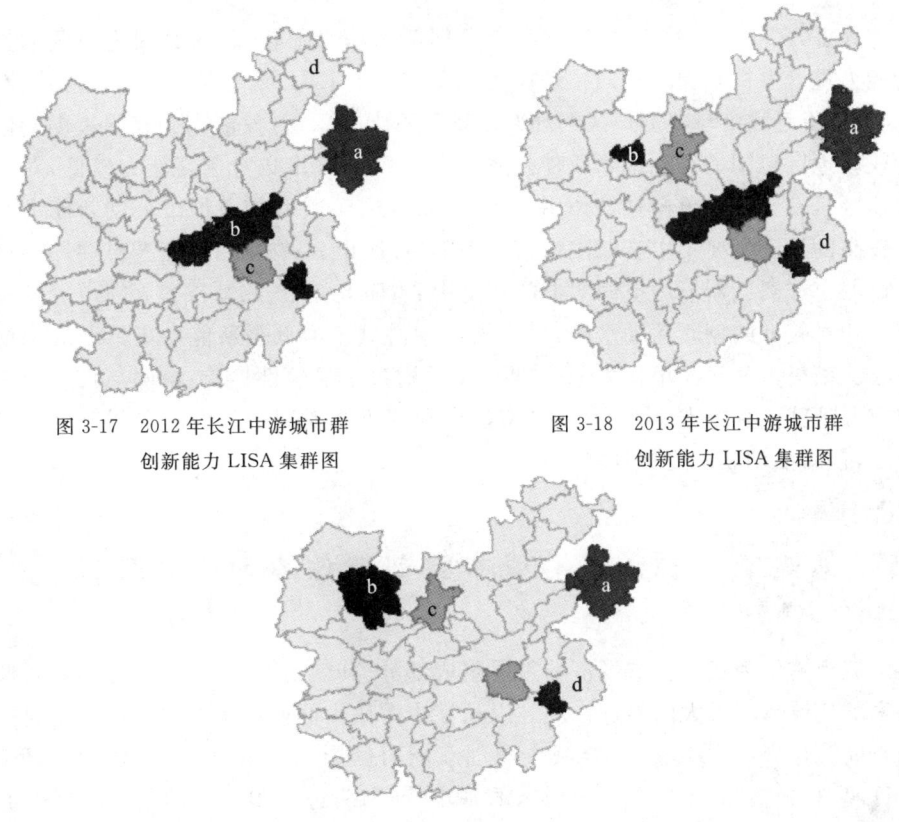

图 3-17 2012年长江中游城市群
创新能力 LISA 集群图

图 3-18 2013年长江中游城市群
创新能力 LISA 集群图

图 3-19 2014年长江中游城市群创新能力 LISA 集群图

图 3-15 至图 3-19 中的非白色区域均通过了 95% 的显著性水平检验,将上述 LISA 集群图结果整理,得到表 3-6。上面 5 幅图中大片的白色区域表示,尽管 2010—2014 年长江中游城市群总体上显示出越来越强的空间自相关性,但是大部分地区依然不存在显著的局部自相关,即大多数城市安于本区域的创新发展,在很大程度上没有受到周边城市的影响,或者其本身没有对邻近城市产生大的影响。

表 3-6 2010—2014 年长江中游城市群创新能力 LISA 集群图结果

年份	H-H	L-H	L-L	H-L
2010	宣城市、马鞍山市、芜湖市	无	九江市、鹰潭市、新余市	南昌市
2011	宣城市、马鞍山市、芜湖市、滁州市	无	九江市、鹰潭市、天门市、新余市	南昌市、武汉市
2012	宣城市、马鞍山市、芜湖市	无	九江市、鹰潭市、天门市、新余市	南昌市、武汉市
2013	宣城市、马鞍山市、芜湖市、铜陵市	无	潜江市、九江市、新余市、抚州市	南昌市、武汉市
2014	滁州市、宣城市、马鞍山市、芜湖市、铜陵市	无	荆门市、鹰潭市	南昌市、武汉市

表 3-7 中，属于 H-H 型的城市自身创新活动水平较高，对其周边地区的创新能力提升发挥较强的正向拉动作用。没有一个 L-H 型城市通过显著性检验，说明 L-H 型城市与邻近地区的创新联系并不十分紧密，没能充分利用被创新能力较高地区包围的有利地缘条件。属于 L-L 型的城市自身创新能力较低，对周边地区具有较强的负向拉动作用。2010—2014 年，长江中游城市群创新能力水平较高的地区主要集中在江淮城市群东部，宣城市、马鞍山市和芜湖市共同构成了该城市群高创新能力空间集群的辐射中心；而九江市、鹰潭市和天门市等城市则以相对较低的创新活动水平，成为长江中游城市群低创新能力集聚区的辐射中心。南昌市和武汉市作为 H-L 型城市且通过了显著性检验，说明与长江中游城市群的其他两个省会城市相比，南昌市和武汉市对周边地区的空间辐射作用更强，创新活动联系更加紧密。

第四节 长江中游城市群创新能力的提升路径

城市群作为我国区域经济的重要组成部分，其创新能力的提升，对于创新型国家的建设具有极大的促进作用。以长江中游城市群创新能力的时间演化规律和空间演化规律为参考，结合城市群创新能力的影响因素分析，针对 H-H 型、L-H 型、L-L 型和 H-L 型 4 类城市的基本特征，为进一步构建长江中游城市群创新能力提升路径献计献策。

一、H-H 型城市"嵌入式"路径

H-H 型城市不仅自身创新能力非常强，而且与其邻近的地区创新活动水平同样比较高。这类城市可以被认为是长江中游城市群中创新产出的佼佼者，处于创新的领先地位，有潜力率先发展成为创新型城市，为我国创新型国家的建设贡献力量。为了继续提升该类城市的创新能力，发挥其在长江中游城市群中的领军作用，应该为其选择"嵌入式"提升路径，推动 H-H 型城市加快嵌入全球创新网络。相比于传统的创新网络模式与运行机制，全球创新网络更强调全球范围内的资源配置与利用、信息传递、人才互动以及创新能力建设。政府有关部门、企业、高校、中介、客户、科研机构等关键主体充分发挥各自职能，深入合作、密切联系，进一步提高技术创新水平，实现知识资源的效益化、经济化与市场化转变。H-H 型城市已经具备相当突出的创新能力，需要进一步考虑的问题是如何将创新成果市场化，从而提高经济收益，而且对于这类城市而言，国内的知识与

技术可能已经难以满足它们的学习要求了,需要拓展更广阔的发展天地。H-H型城市嵌入全球创新网络的意义在于,进一步扩大创新合作规模与范围,实现全球资源与信息的共享与合理配置,积极促进内外部主体的交流协作,获得更广泛的创意和技术来源,利用专业分工与规模生产,提升整体效益水平。同时,向更广泛的国际市场领域进军。"嵌入式"路径的具体过程是:首先运用自身良好的技术创新条件承接海外研发项目,在研发中进一步提升实力,缩小同全球创新网络成员之间的知识势差和文化隔阂,加快技术更新速度,提高创新效率,最终成为全球创新网络的一个重要结点。

由于H-H型城市中企业承担创新活动主体的地位已经基本形成,因此下面仅从企业视角提出若干实现"嵌入式"提升路径的对策:

1. 与国外创新核心企业加深合作,在世界范围内跟踪获取前沿技术

合作形式主要有:与海外企业联合研发、组建合资机构和并购等。其中,与海外优质企业合作、联合研发前沿技术主要指H-H型城市按照技术强、潜力大、效益优、业务领域相匹配等标准,积极寻找适宜的海外合作对象,利用资金入股等形式,与国外优质企业形成合作,共同研发新技术、新工艺,有效提高城市自身创新能力与研发水平。创办合资经营机构指H-H型城市进一步加强内外部企业间的合作与联系,双方根据自身需求共同出资,创办合资经营机构,形成优势互补,共同开展生产、经营、研发等一系列工作,推动H-H型城市企业发展、技术进步。并购则是指企业根据自身能力水平与战略需要,通过并购等形式获取国外适宜企业的控制权与所有权,从而有利于国外市场的开拓、规模经济的产生以及科研成果的取得,H-H型城市创新绩效、技术水平与经济增长效率进一步提升。

2. 与海外中介服务机构加强联系

H-H型城市可以通过海外中介服务机构寻找技术需求信息,然后根据这些信息有针对性地开展研发活动,再通过中介服务机构将创新成果市场化。此外,H-H型城市也可以通过海外中介服务机构寻求关键性技术支持或者稀缺性创新要素。

3. 与国外优质的高校或科研机构进行合作

利用技术使用许可和成果转让、科技咨询、委托研究、联合开发等形式,加强高等院校等科研主体在国际间的交流协作。H-H型城市通过积极选派研发人员前往国外高校或科研院所深造或交流访问,进一步深化国内外人才的交流互动,帮助国内人才有效培养国际化视野,接触和学习国际尖端前沿工艺,组建具备新时期创新能力需求的高层次、专业化人才队伍,有效增强本地人才与技术竞争优势。

4. 主动与国外供应商和客户进行联系

H-H 型城市可以积极开拓海外市场，通过探访国外供应商，获取市场需求信息。通过对海外客户进行回访跟踪，了解客户对产品的使用体验和改进建议，从而进一步改良创新成果，提高自身的创新能力。

二、L-H 型城市"追随式"路径

L-H 型城市自身创新水平较弱，但其周边城市创新水平较高。这类城市的创新能力提升路径应该采取"追随式"——以周边创新能力高的城市为前进目标，通过自身的努力，不断追随，力求赶超。具体过程是：首先引进周边城市的先进技术、知识以及创新活动管理经验，然后对其进行消化吸收，经过模仿创新逐渐走向自主创新。L-H 型城市实现"追随式"路径的对策包括如下几方面。

1. 积极应对"虹吸效应"

一般来说，创新资源都是由低创新产出区域流向高创新产出区域，这是资源流动的基本规律。创新能力相对较弱的城市所掌握的一些优质创新资源被周边创新能力较强的城市吸走的现象即为"虹吸效应"。长江中游城市群创新能力发展不均衡，"虹吸效应"可能是原因之一，并且"虹吸效应"容易在 L-H 型城市显现，因此必须积极应对。应对策略如下：

第一，错位互补，发扬优势。实行差异化战略，根据当地的资源禀赋和产业特色，确定创新活动依存的产业方向。对于当地具有明显竞争优势的产业，或者能够与周边高创新能力城市形成互补的产业，可以创造条件，优先支持其创新活动的开展，将这类产业打造成一个富有强大吸引力的磁场，充当"抗吸"的防御盾牌。只有当创新水平较弱的城市培育出了特色产业，形成了与众不同的创新模式，才不会被"虹吸效应"的负面影响左右。

第二，创造"反虹吸效应"。水满则溢，月盈则亏。随着时间的推移，高创新水平城市可能产生一些不利于创新活动开展的问题：比如办公场地租金上涨、生活成本提高、创新政策所能惠及的行业或企业数量有限以及人才资源相对饱和等。这样的状况就为创新水平较弱的邻近城市创造了发展机遇。低创新能力城市应制定具有诱惑力的政策措施，引进本土企业紧缺型人才，吸引创新活跃的企业迁入。主动出击对接高创新能力城市，利用"反虹吸效应"获得溢出红利。

2. 通过联系和互动提升对外界资源的运用能力

充分利用地缘优势，提升对外界资源的运用能力，加强与周边高创新能力城市之间的联系与交流。这种交流包括以下 4 个方面：

第一，地方政府之间的学习与合作。创新能力较弱的城市地方政府可以与创新能力突出的城市政府进行创新制度探讨和交流，建立科学合理的利益共享

机制,与周边城市政府开展合作,共同推动长江中游城市群创新一体化进程。

第二,企业之间的联动。企业不仅要加强对前沿技术的学习引进,还应突破地域分割限制和企业性质差异,根据现实发展需求开展跨城市和跨部门的兼并、联合或重组。力争使小企业能够研发出精细专业的创新产品,大企业能够拥有国际国内知名的创新成果。

第三,高校、科研院所之间的创新互动。鼓励不同城市的高校和科研机构共同承担科研项目,发挥各自所长,开展联合技术研究,促进人才、仪器设备的共享。

第四,不同城市的产学研合作,拓展其合作范围的广度,增加其合作领域的深度。通过知识协同促进知识存量的增长。利用现有创新合作平台,寻求市场机会、满足技术需求;签订战略合作协议,承接周边高创新水平地区的高新技术产业转移。此外,必须重视对技术的消化、吸收和再创新,从本质上提升自身的创新能力,而非简单模仿复制别人的技术。

3. 加快产业结构升级

首先应做好对城市群中心城市和周边高创新能力城市的产业配套工作,在此基础上,形成自己独特的优势产业,逐渐实现城市的产业分工角色转变,由垂直分工末梢转变为能与中心城市比肩的水平分工。通过对外贸易、企业联盟、为相关产业提供创新技术支持等形式,推动城市传统优势产业的转型升级和技术进步。

三、L-L 型城市"利益驱动式"路径

L-L 型城市不仅自身创新水平不高,而且其邻近城市的创新能力同样较弱。我们认为,这类城市的创新意识尚未觉醒,或者说创新仅得到政府部门的重视,还没有在大众中掀起一股创新的热潮。因此,我们提出"利益驱动式"路径——通过对利益主体进行物质或精神激励,使其具有创新行为倾向,激发创新动力。由于 L-L 型城市的创新能力基础本身就比较薄弱,如果仅仅依靠市场这只"无形指挥棒"进行自发调节,容易导致这些城市在创新劣势的泥潭中越陷越深,进一步拉大与长江中游城市群其他城市的创新差距。因此,L-L 型城市的"利益驱动式"创新能力提升路径应由政府部门主导和先行,本部分的对策主要从政府层面提出。

1. 增加创新投入与优化投资结构

建立健全创新资本投入体系,进一步增强对创新研发活动的资金支持力度。探索以财政资金为引导,政策性金融、开发性金融、商业性金融共同参与的多元化风险投资模式,为科技与金融合作搭建桥梁,扩大 R&D 经费支出和教育经费

投入,有意识地培养创新人才。政府可以率先对一些高新技术产业进行投资,通过资本的高回报率创造示范效应,带动金融机构和社会闲散资金跟投科技创新领域。在增加创新投入的同时,还需要注意优化和调整资金投入结构。政府应加强对公共基础领域和社会公益研究领域的创新支持,因为在这些领域开展原始创新存在较高的风险,且收益和风险可能不成正比,对于以利润为中心的企业而言,一般不会轻易染指,然而这些领域对人民生产生活却十分重要。如果政府能够牵头先做好社会公共领域的原始创新,帮助企业规避一部分前期风险,相信企业在未来将会积极投入于这些领域的创新活动。

2. 改善创新环境

第一,加强知识产权保护力度,提高城市执法水平,对侵犯知识产权行为采取严厉的打击措施,发挥知识产权中介机构在纠纷处置和活跃技术交易方面的作用,形成合理的知识产权利益平衡体制、顺畅的创新成果转化体系。通过保护研发主体的合法权益,使其充分享受创新成果所带来的巨大收益,从而激发创新欲望,这同时有利于规范市场秩序,树立城市信用。第二,不断优化创新激励政策,建立并逐渐完善创新激励机制,加大创新物质奖励力度,定期表彰创新人才,营造尊重创新、崇尚真理的社会文化氛围,充分调动民众的创新积极性,培养及强化自主创新的意识。在留住本地创新研发人才和创新成果的基础上,吸引其他地区创新资源的流入。

四、H-L 型城市"强核外溢式"路径

H-L 型城市以 4 个省会城市为主,它们自身创新能力较高,但其周边所邻近的城市创新能力相对较弱。为了实现长江中游城市群整体创新能力的提升,必须竭力发挥 H-L 型城市作为创新龙头的带动辐射作用,加强知识扩散,推动周边地区创新能力的发展,称此为"强核外溢式"路径。"强核"是指继续保持较高的创新活动水平,成为长江中游城市群的创新增长极;"外溢"指的是通过人才互换交流、项目输出、产业转移等方式创建创新资源的流动体制,突破城市行政区划限制,扩大资源共享范围,在更广阔的空间内促进科技创新项目的合理布局和健康发展。实现"强核外溢式"路径的对策主要包括如下几方面。

1. 完善不同城市之间的协调发展机制

首先,H-L 型城市应作为发起人,与周边城市建立创新协调联动机制,定期与长江中游城市群内的其他城市创新主体举行会晤,共商创新政策大计,协调推进创新资源流动;其次,H-L 型城市应主动寻找与周边城市的利益共同点,以利益为纽带结成创新同盟。该类城市可以将其研究中的创新项目拆分为不同的子项目,联合周边城市共同攻关,形成创新联动,使其他城市都能从中分一杯羹,借

此提升长江中游城市群整体的创新能力。

2. 加强公共创新平台的建设与管理

H-L型城市应广泛搜集市场需求,整理创新资源,并将这些信息公布于公共创新平台,努力解决这类城市自身的创新成果管理问题,同时为其他低创新水平地区提供信息与服务。设立量化绩效考评体系,定期对平台上的创新主体表现进行考评,将考评结果作为资金、场地等资源配置和承担课题项目的依据之一。鼓励本地创新主体借助平台寻找其他城市的合作伙伴。

第四章 长江中游城市群高新技术产业创新效率评价

随着全球化步伐的迈进,世界经济日益一体化,各国间的竞争也日趋激烈,从最初的劳动力、资源等传统生产要素的竞争逐渐转变为知识和技术等要素的竞争,高新技术产业也因此上升为各国竞争的主要焦点之一。目前,世界各国纷纷转变原本高投入的发展模式,大力发展高新技术,并在其形成相应产业集群的同时,带动传统产业的发展,由此推动本国经济发展。随着世界经济的快速发展,科技创新力度日益加大,世界高新技术产业得到了迅猛的发展,成为推动世界经济乃至世界文明的力量之一。此外,一个国家的高新技术产业水平在提高本国经济发展水平的同时,还能改变原有的技术垄断格局,影响各国在世界经济中的分工及利益分配,最终影响国家的发展与进步。因此,发展高新技术产业至关重要。

中国自 1991 年建立第一批高新区以来,高新技术产业取得了较快的发展,并已初具规模,产业产值大幅度提升,主要行业产值位居世界前列。高新技术产业的发展带动了国家的经济发展和产业结构调整,2013 年,高新技术产业主营业务收入达到 116 049 亿元,占同年制造业主营业务收入的 12.76%;产业从业人员达到 1294 万人,占整个制造业的 15.02%。近年来,高新技术产业的发展得到了政府部门的全力支持与配合,通过不断改善发展战略,使高新技术产业取得了长足的发展。

在此良好的形势下,长江中游城市群作为长江流域社会经济发展改革的重要规划区域,积极响应"创新驱动"国家重要发展战略,深化双边及多边合作,着力推进经济增长模式转变,提升区域自主创新能力与科学技术水平。通过湘、鄂、赣、皖四省各级部门的深度协作与合力建设,长江中游城市群在高新技术产业发展与技术进步方面亦取得了一定的成果。

第一节 长江中游城市群高新技术产业及其技术创新的现实基础

中国的高新技术产业自 20 世纪 50 年代中期起逐渐兴起至今,可分为萌芽起步、成长壮大、高速成熟等多个发展历程,呈现全面、快速发展的良好态势。随着科技创新资源与国家政策的倾斜,高新技术产业逐渐由东部地区向中西部地区转移,长江中游城市群推动自主创新建设与实现中国经济增长"第四极"目标迎来了机遇,通过各级部门的通力合作,进一步推动技术创新,优化科研环境,实现高新技术产业跨越式发展,在高新技术产业产出规模、劳动力规模、企业规模、对外贸易规模、内外资规模、技术创新产出规模、技术创新投入规模等方面均积累了一定的现实基础。

据统计,2000—2014年间,长江中游城市群高新技术产业R&D内部经费支出年均增长率达到24.08%,R&D经费投入的快速增长为该产业发展提供了有力的资金支持,推动了高新技术产业产出量的不断攀升,其新产品销售收入年均增长率达到32.45%,长江中游城市群高新技术产业发展迎来重要机遇与黄金发展阶段。然而,尽管长江中游城市群高新技术产业规模扩充取得了极大进展,但其发展建设仍处于粗放型扩张模式,产业发展主要依赖人才、科研经费等要素的高投入完成,暴露出长江中游城市群高新技术产业大而不强、自主创新能力弱、创新效率低等问题。事实上,高新技术产业的发展并非单纯的产值的增长,更着眼于技术创新水平与效率的提升,技术创新效率是产业发展的血液与源泉,没有相当水平的科技自主创新能力,产业将无法长期持续稳定发展。因此,如何提高技术创新效率是当下长江中游城市群高新技术产业发展亟待解决的重要问题。

一、长江中游城市群高新技术产业整体发展现状

1. 长江中游城市群高新技术产业的产出规模

当下,国家高度重视高新技术产业的发展,包括长江中游城市群在内的各地区各级政府部门积极出台各项区域发展战略以及财政、金融、科技等政策规划,为高新技术产业发展提供了强有力的扶持与支撑。如图4-1所示,根据近几年高新技术产业主营业务收入的变动趋势情况来看,该区域高新技术产业的产出规模总体呈现增长态势,主营业务收入从2002年的607.9亿元增长到2014年的10 927.3亿元,增幅明显。从增长率来看,2003—2014年间,除2004年主营业务收入增速仅为6.7%外,其余年份均表现出较高的增长速率,随着国家出台相应刺激政策以及中部地区经济、科技的快速发展,长江中游城市群高新技术产业主营业务收入实现高速增长,其收入增速在2011年最高达到42.7%;然而,由于长江中游城市群高新技术产业发展仍处于起步与探索阶段,相关政策体系仍不完善,产业发展经验不足,主营业务收入增长速率变化不平稳,整体呈现出较大波动;2012年后,长江中游城市群高新技术产业已发展到一定阶段,主营业务收入增速逐渐放缓,2014年增速降为19.7%,整体发展呈平稳趋势。

高新技术产业的作用,还在于它对区域经济发展与工业转型升级的支撑作

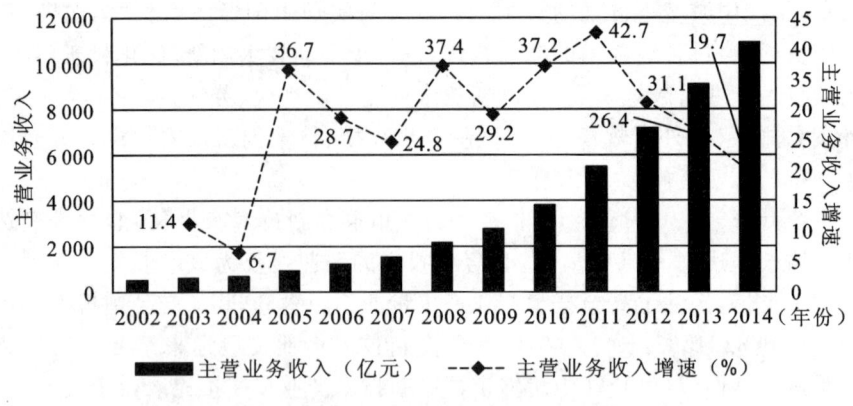

图 4-1 2002—2014 年高新技术产业主营业务收入及增速

用。从近几年长江中游城市群高新技术产业主营业务收入在工业企业主营业务收入中的比重变化趋势来看,大致可分为 3 个阶段(图 4-2):第一阶段为 2005—2008 年,高新技术产业主营业务收入占规模以上工业企业主营业务收入比重一直呈下降趋势,由 2005 年的 5.49% 减少至 2008 年的 4.97%,共下降 0.52 个百分点,该阶段长江中游城市群高新技术产业发展仍处于探索阶段,与快速扩张的工业产业相比,发展速度较慢,主营业务收入占比持续降低;第二阶段为 2009—2010 年,主营业务收入占比略有波动,2009 年上升至 5.51%,随后于 2010 年下降至 5.35%;第三阶段为 2011—2014 年,高新技术产业主营业务收入占规模以上工业企业主营业务收入比重表现出持续增长趋势,由 2011 年的 5.72% 攀升至 2014 年的 7.65%,经过多年发展,该阶段长江中游城市群高新技术产业发展已取得一定积累,产业发展速度加快,同时,湖北、湖南、江西、安徽四省进一步加强其深度合作,推动区域内部创新建设,促进其高新技术产业主营业务收入占比

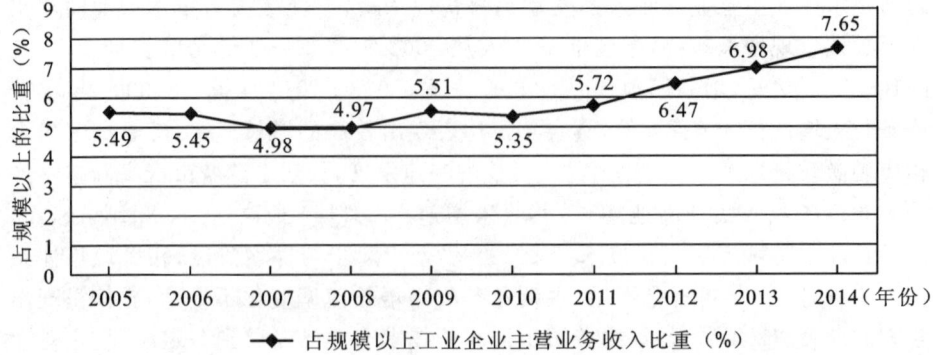

图 4-2 2005—2014 年高新技术产业主营业务收入占规模以上工业企业主营业务收入比重

持续走高。从总体水平上看,长江中游城市群高新技术产业在工业中的比重较之东部发达地区还是处于较低水平,产业发展有待进一步成熟,其改造和升级传统产业的作用仍未充分发挥。

2. 长江中游城市群高新技术产业的劳动力及企业规模

如图4-3所示,从劳动力规模方面来看,近几年,长江中游城市群高新技术产业的从业人员数量不断上升,由2010年的737 262人增长到2014年的1 188 315人,劳动力规模整体呈现上涨趋势;随着"中部崛起"与"创新驱动"发展战略的落实与实施,长江中游城市群将自主创新建设列为规划重点,进一步推动信息技术、新材料、新能源、生物科技等高新技术产业发展,各省市技术创新水平得到显著提升,高新技术产业规模的不断扩大吸纳了大量的劳动力进入产业;2012年2月,湘、鄂、赣三省首次就长江中游城市群建设签订相关合作协议,该年高新技术产业从业人员增速实现新高,由2011年的11.9%上升至18.2%,随着该产业就业岗位的逐渐饱和,劳动力增速逐步放缓,下降至2014年的10.1%。

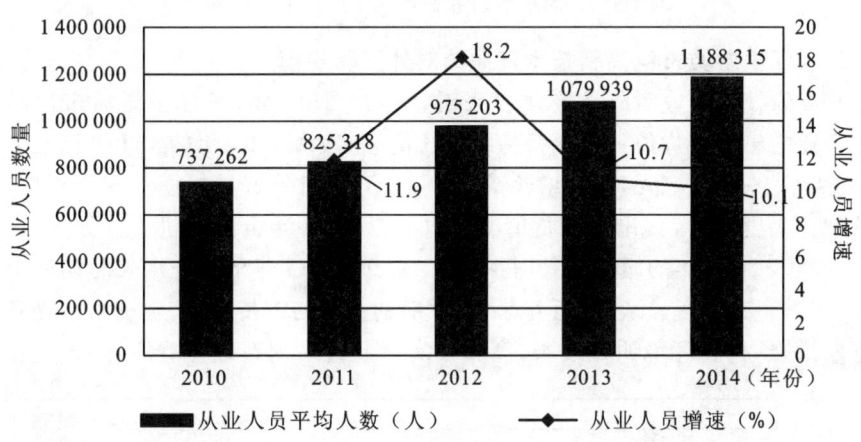

图4-3 2010—2014年高新技术产业从业人员平均人数

而从企业规模方面来看,除2011年略有下降外,高新技术产业企业数量整体保持上升趋势,由2004年的1205家企业增长至2014年的3648家,年均增长率达11.7%,企业规模进一步扩大(图4-4)。由此可以看出,随着改革开放发展方针的不断推进,大量外资的涌入以及国外先进技术的引进为高新技术产业的发展与起步提供了良好的资金与技术支持,进一步优化其发展环境,实现高新技术产业的快速发展,引起其企业规模的大幅扩张。此外,长江中游城市群经济科技水平的提高、政府有关部门对技术创新建设重视程度的增强以及区域发展对高新技术产业的迫切需要,吸引了大量内资进入高新技术产业市场,企业规模实现快速增长。在此条件下,如何在保持企业数量现有增速的基础上,进一步强化企业质量,打造高新技术产业的龙头企业,提升本地区在全国乃至国际上的竞争实力,最终推动长江中游城市群经济、科技的健康持续发展成为后续考虑的重点问题。

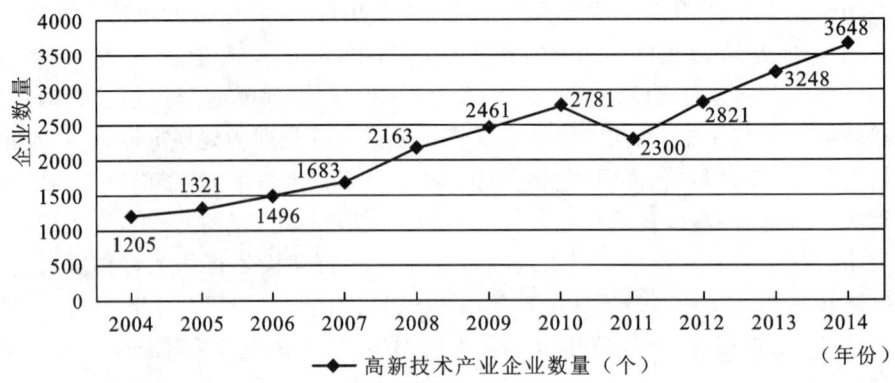

图 4-4　2004—2014 年高新技术产业企业数量

3. 长江中游城市群高新技术产业的对外贸易规模

从高新技术产业对外贸易规模来看,2005—2014 年,长江中游城市群高新技术产业的出口交货值一直保持持续增长的态势,由 2005 年的 134.7 亿元上升至 2014 年的 1700 亿元,年均增长率高达 32.5%,对外贸易规模实现剧烈扩张;而从增长幅度来看,其出口交货值变化过程以 2008 年金融危机为分界点,可划分为 2005—2008 年的缓慢增长时期以及 2009—2014 年的快速增长时期两个阶段(图 4-5)。这一现象表明,近年来,在政府的重视与支持下,产业的自主创新意识不断增强,科研环境明显改善,高新技术产业技术创新地位有所提高,随着长

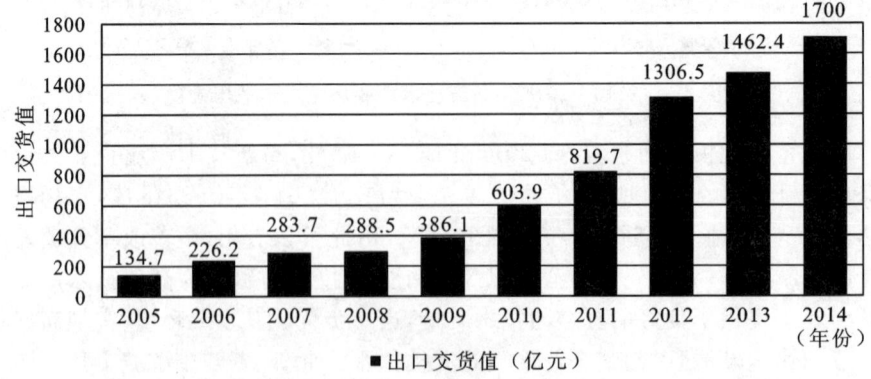

图 4-5　2005—2014 年高新技术产业出口交货值

江中游城市群整体科技水平的不断提升,使高新技术产业产品质量与国际竞争力大大增强,推动了该区域高新技术产业出口交货值的不断上涨与对外贸易规模的不断扩大,这也是中国高新技术产业水平有所提高的重要表现。

从高新技术产业对外贸易的行业分布情况来看,2014年,长江中游城市群高新技术产业对外贸易以电子及通信设备制造业为主,其出口交货值达944.7亿元,占总值的55.5%,是长江中游城市群高新技术产业中的重点发展对象,产业规模较大,对城市群整体经济建设与产业进步形成支撑;出口交货值排名第二的为计算机及办公设备制造业,共520.1亿元,占总值的30.6%;医药制造业出口交货值为185.3亿元,排名第三,占全部出口交货值的10.9%;其次为医疗仪器设备及仪器仪表制造业,其出口交货值为45.1亿元,仅占总值的2.7%;最后为航空航天器及设备制造业,长江中游城市群在该领域发展较为缺乏,其出口交货值仅为4.9亿元,占总值的0.3%,贡献较小(图4-6)。

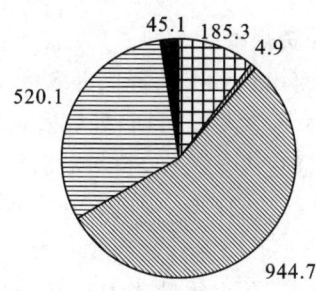

图4-6　2014年高新技术产业对外贸易的行业分布情况(单位:亿元)

从高新技术产业对外贸易的地区对比情况来看,江西除在2008年因受到金融危机影响,高新技术产业出口交货值由2007年的70.2亿元下降至60亿元外,整体保持稳定上升趋势,但出口货值数值较低,2014年仅为306.5亿元,对外贸易规模排名垫底;2005—2012年,湖北高新技术产业出口交货值持续上涨,对外贸易规模在长江中游城市群中排名首位且与其他三省具有较大差距,2012年后出口交货值下降幅度明显,2014年减少至315.8亿元,在长江中游城市群内排名第三;2005—2010年,湖南高新技术产业出口交货值未有太大波动,变化曲线较为平缓,随后逐渐上升,2011—2013年呈现出大幅增长,对外贸易规模显著提升,随后又逐渐放缓,下降至2014年的430.1亿元,在长江中游城市群四省中排名第二;安徽2005—2010年一直保持平稳态势,高新技术产业出口交货值未有较大浮动且数值较小,对外贸易规模处于四省最末,有待进一步扩大,2010年后其出口交货值迅速攀升,增幅明显,由2010年的44.7亿元上升至2014年的647.6亿元,在四省中排名第一(图4-7)。

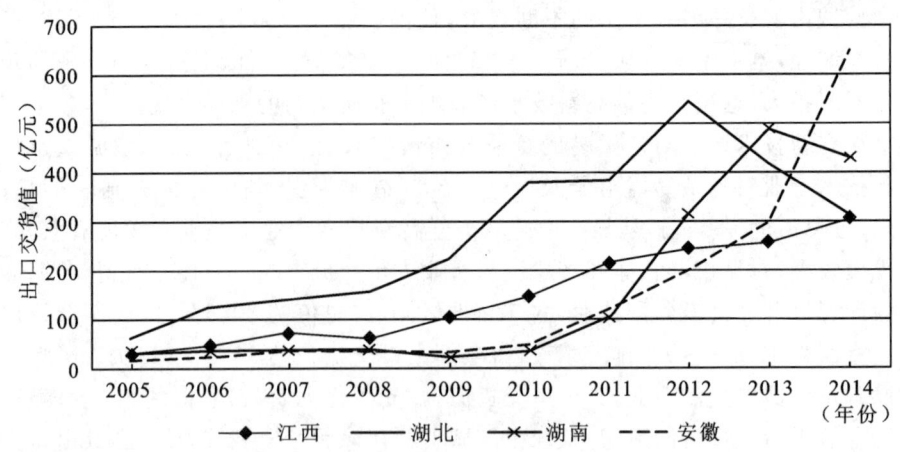

图 4-7　2005—2014 年高新技术产业对外贸易的地区对比情况

4. 长江中游城市群高新技术产业的内外资规模

随着中国对外开放度的进一步提高,政府出台各项外资优惠政策,鼓励外资进入国内市场。在长江中游城市群高新技术产业发展初期,外资及港澳台投资企业基本上处于主导地位,并且与内资企业通过人才流动、技术溢出等方式共同推进高新技术产业的高速发展。如表 4-1 所示,2014 年,内资企业主营业务收入达 8401.7 亿元,企业数量为 3283 个,单位企业平均主营业务收入为 2.56 亿元;港澳台投资企业主营业务收入为 1871.7 亿元,企业数量达 194 家,单位企业平均主营业务收入为 9.64 亿元;外资企业主营业务收入达 654.4 亿元,企业数量为 171 家,单位企业平均主营业务收入为 3.83 亿元。随着内资企业不断地提高自主创新能力,其高新技术发展有了质的飞跃,同时凭借其有效把控国内市场这一优势,在主营业务收入及企业数量等方面逐渐赶超外资及港澳台投资企业,但单位企业平均主营业务收入仍然较低,排名垫底,充分暴露出内资企业发展大而不强,整体技术实力较弱、单个企业贡献较小的突出矛盾。因此相较而言,长江中游城市群高新技术产业发展中,外资及港澳台投资企业仍略强于内资企业,在整体的分工协作上处于主动地位和优势地位,从而导致单个企业经济效益的领先。

表 4-1　2014 年高新技术产业内外资规模对比情况

企业类型	主营业务收入(亿元)	企业数量(个)	单位企业平均主营业务收入(亿元)
内资企业	8401.7	3283	2.56
港澳台投资企业	1871.7	194	9.64
外资企业	654.4	171	3.83

二、长江中游城市群高新技术产业技术创新现状

1. 长江中游城市群高新技术产业技术创新的投入规模

在高新技术产业R&D经费内部支出与R&D人员数量的历年演变情况方面,如图4-8所示,2004—2014年,长江中游城市群高新技术产业的R&D经费支出虽略有波动,但整体处于增长的态势,由2004年的122 900万元上升至2014年的1 512 181万元,年均增长率达到28.5%。而在高新技术产业R&D人员投入方面,也表现出相似趋势,除2006年人员数量略有下降外,整体保持持续上升趋势,由2004年的11 690人增加至2014年的49 066人,年均增长率为15.4%。长江中游城市群高新技术产业建设重视程度的增强,以及区域经济、技术发展水平的提升,极大地推动了该产业技术创新投入规模的进一步扩大,R&D经费内部支出与R&D人员数量均表现出一定程度的上涨趋势,为长江中游城市群高新技术产业的发展及其产出成果的增长提供了坚实的资金与人才基础。

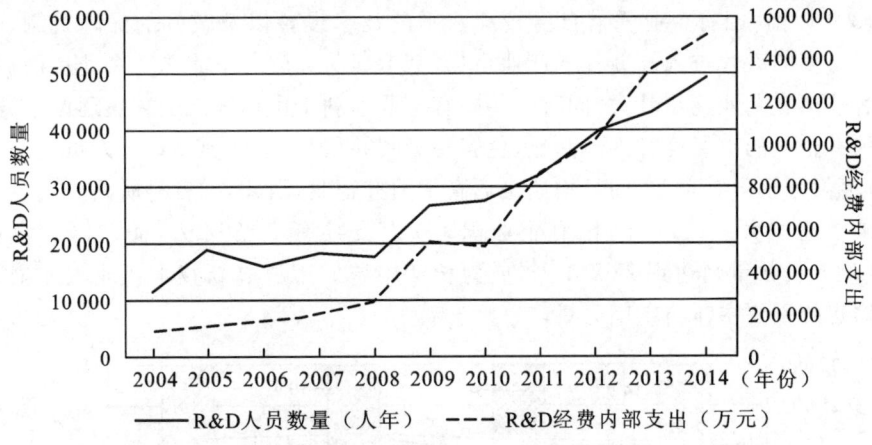

图4-8 2004—2014年高新技术产业R&D人员和R&D经费投入规模

而从技术引进、技术消化以及技术改造费用的对比情况来看,技术改造作为技术创新的一项关键环节,是进一步研发新产品、推动技术进步的重要手段,其改造费用由2010年的171 632万元上升至2012年的349 443万元,增长幅度明显,随后其支出规模略有回落,下降至2014年的332 629万元(图4-9)。从支出金额总量水平来看,技术改造整体支出费用较高,在3种使用途径中占据绝对主导地位,是长江中游城市群高新技术产业技术创新的主要方式之一。与之相比,技术引进及技术消化费用占比较小,支出水平较低,且金额变动起伏较大,尚未形成稳定的发展规模及变化趋势,相关内容的规划及政策制度的落实还有待进一步加强。

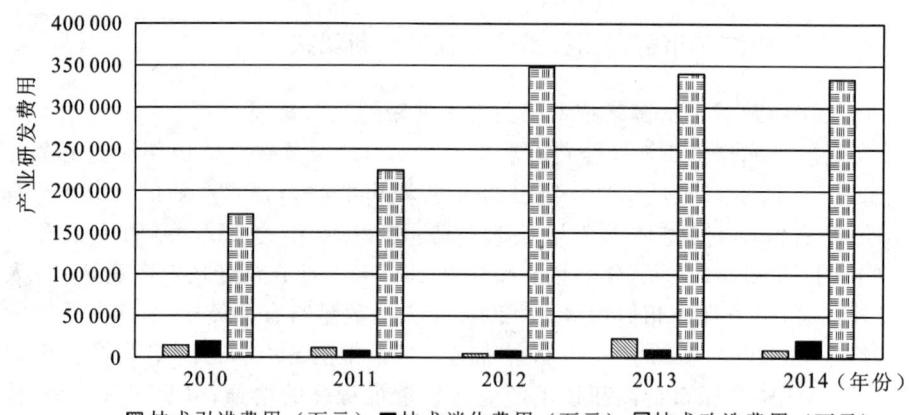

图 4-9　2010—2014 年高新技术产业研发支出使用情况

同时，如图 4-10 所示，在长江中游城市群高新技术产业 R&D 人员投入中，2013 年以前，国有企业凭借自身较高水平的技术设备以及较好的保障机制，吸引了更多的人才进入高新技术产业市场，其 R&D 人员高于非国有企业。而后，随着非国有企业逐步壮大，同时一些国有企业不利于市场发展的弊病逐渐暴露，非国有企业的市场优势逐步凸显，更容易吸收并留住人才，其 R&D 人员快速增长，不仅赶超国有企业，而且增速也远高于国有企业，因此，二者科研人员数量差距被迅速拉大。2014 年，国有企业 R&D 人员共有 20 852 人，而非国有企业 R&D 人员数量则达到 28 214 人，成为长江中游城市群高新技术产业人才培养与输送的重要主体与中坚力量。

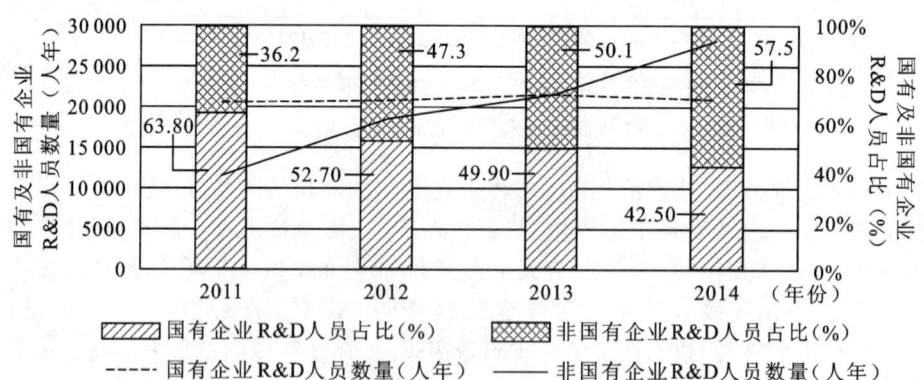

图 4-10　2011—2014 年高新技术产业国有企业 R&D 人员数量及其占比情况

总体来看，长江中游城市群高新技术产业技术创新的投入规模呈逐步上升趋势，无论是 R&D 人员数量还是 R&D 经费内部支出均表现出不同程度的增长,为该区域高新技术产业技术创新建设奠定坚实的基础。然而,投入总量的加大不代表技术创新效率的提高,要考察其效率,还应结合相应的产出进行综合分析。

2. 长江中游城市群高新技术产业技术创新的产出规模

从新产品销售收入和专利申请数来看,长江中游城市群高新技术产业技术创新的产出规模长期处于增长趋势(除2005年新产品销售收入以及2006年与2010年的专利申请量有些许下降之外),并且两者的增长趋势相近,如图4-11所示。其中,新产品销售收入由2004年的1 316 091万元增长至2014年的19 940 806万元,增长额达到18 624 715万元,涨幅明显;专利申请数由2004年的241件上升至2014年的8823件,增长量为8582件,增长波动剧烈;长江中游城市群高技术产业发展实现突破,技术创新产出规模进一步扩大。

图4-11 2004—2014年高新技术产业技术创新产出规模及变化

而从长江中游城市群内部各省的高新技术产业技术创新产出对比情况来看,在专利申请数量方面,四省变动趋势较为相似,2004—2008年间均保持平稳发展态势,专利申请数量波动较小,且整体水平较低;金融危机后,湖北、湖南、安徽、江西四省数值均表现出一定程度的显著提高,随后又有所回落并下降至正常水平;2010—2014年,长江中游城市群内四省专利申请数整体呈上升趋势,其中,湖北、安徽两省数值较为接近且水平较高,对长江中游城市群高新技术产业技术创新具有较大贡献,湖南在经过两年的缓慢增长后,其专利申请量在2013年显著提升,最终位列第三,江西高新技术产业发展较为落后,其专利申请量与其他三省具有较大差距,有关部门应进一步重视长江中游城市群内各省的均衡发展,有效缩小各地区高新技术产业发展的巨大鸿沟(图4-12)。

专利是高新技术产业技术创新活动的成果,而新产品则是技术创新活动成果在经济效益上的实现,因此从某种意义上讲,新产品销售收入更能反映产业技

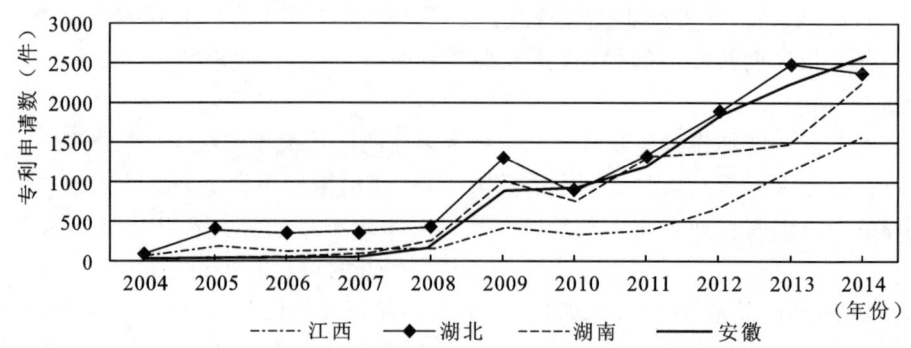

图 4-12　2004—2014 年高新技术产业专利申请数的地区对比情况

术创新的产出规模,从而体现其技术创新能力。2008 年金融危机后,长江中游城市群四省表现出不同程度的增长趋势,其中,湖北高新技术产业新产品销售收入在经过一段时间的上升后,于 2011 年有所放缓,下降至 2 673 095 万元,随后继续保持增长趋势且增长幅度明显,湖北全省高新技术产业新产品销售收入水平较高,一直处于四省领先地位,2014 年共实现 5 691 077 万元,在长江中游城市群内排名第二;江西整体呈上升趋势,但全省高新技术产业发展起步较晚,新产品销售收入水平较低,应进一步加强全省创新建设,深入推进与其他省份的融合协作,提高本省高新技术产业技术创新产出绩效(图 4-13)。

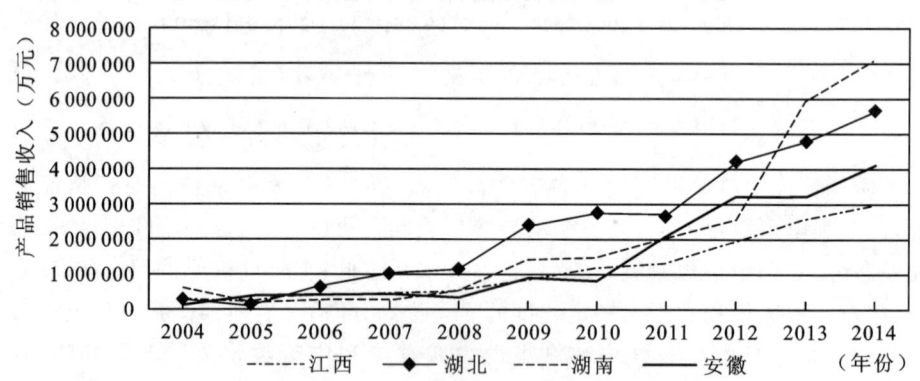

图 4-13　2004—2014 年高新技术产业新产品销售收入的地区对比情况

如前文所述,不同的企业所有权结构,不同的企业类型,其投入产出的特征都有所不同。如图 4-14 所示,2011—2014 年,长江中游城市群高新技术产业内资企业的专利申请数一直呈现出上升的态势,由 2011 年的 3771 件增长至 2014 年的 8104 件,涨幅明显;港澳台投资企业专利申请数经过 2012 年的显著提升后又有所回落,2014 年其专利申请量为 549 件;外资企业变动趋势与港澳台投资企业相似,2014年其专利申请量达170件。从专利申请数总量与占比来看,内资企业的专利申请数一直高于外资及港澳台投资企业,占专利申请总量的80%以上,并且随着近几年内资企业发展规模及技术创新建设的加速增长,其与外资企业的差距进一步拉大。

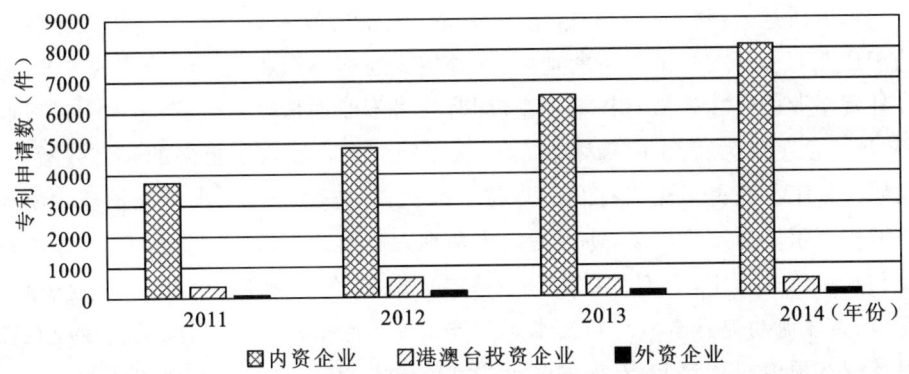

图 4-14　2011—2014年高新技术产业内外资企业技术创新产出规模比较

在新产品销售方面,如图4-15所示,2011—2014年,高新技术产业内资企业新产品销售收入的演变走势与专利申请数较为相似,同样为稳步上升趋势,由2011年的6 267 261万元增长至2014年的15 813 565万元,年均增长率高达36.1%,发展势头良好。与之相比,港澳台投资及外资企业新产品销售收入波动较为明显,发展较不稳定,最终2014年港澳台投资企业新产品销售收入为3 370 848万元,外资企业为756 394万元。从新产品销售收入总量及占比情况来看,内资企业新产品销售收入金额较大,占总量的70%以上,成为长江中游城市群高新

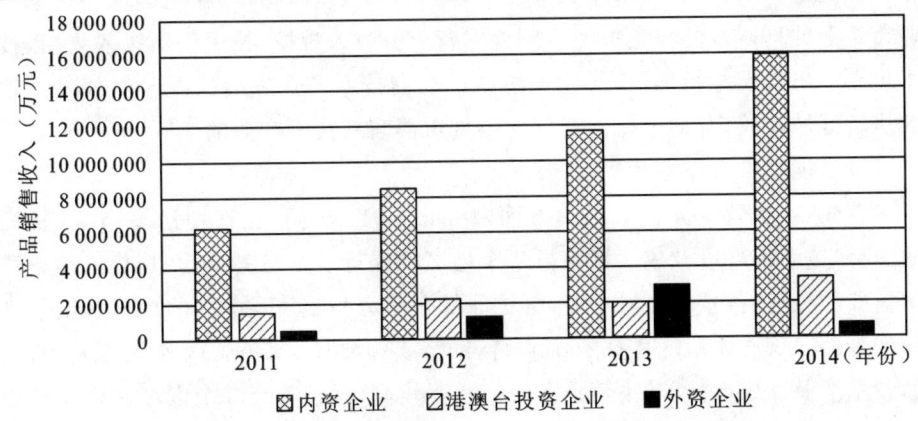

图 4-15　2011—2014年高新技术产业内外资企业新产品销售收入比较

技术产业发展的重要力量。然而，与其专利申请量相比，内资企业新产品销售收入占比略有下降。结合上节对内外资企业主营业务收入规模的分析来看，尽管高新技术产业内资企业规模不断扩大，但由于其发展起步较晚，整体技术水平仍有待加强，单个企业竞争力较弱，龙头企业建设不足。

综上所述，内资企业专利申请数与新产品销售收入规模的不断扩大主要归功于产业对外开放程度的不断加强，内外资企业通过产业上下游关联的方式，吸收外资企业的人才外溢与技术外溢，同时自身不断加强自主研发、技术引进吸收等，自主创新能力得到了很大的提高，从而使其自身获得了更多的经济效益，并在协作分工上获得了更为有利的地位。因此，一方面要进一步加强长江中游城市群招商引资力度与质量，适当提高市场准入门槛，对引进企业、技术、人才的种类和水平等严格审核，有效扩大和发挥技术溢出效应，利用上下游产业链、市场竞争、人才流动提升本地高新技术产业技术创新水平；另一方面内资企业应在在保持现有规模的基础上，着重加强自主创新建设，有效提高产业整体技术水平与各企业自身发展质量，解决内资企业发展大而不强的突出矛盾，大力推进本地龙头企业、优势行业建设，打造本土知名品牌，进一步提升内资企业的优势地位与竞争能力。

三、长江中游城市群高新技术产业技术创新的区域比较

近年来，在政府的政策支持和企业自身努力下，长江中游城市群高新技术产业得到了快速的发展，而在追求各指标总量增长与规模扩大的同时，政府和企业更关注的是其与长三角、京津冀等发达地区的发展差距，及其在全国高新技术产业市场上的具体地位与竞争力。围绕主营业务收入规模、技术创新投入规模、技术创新产出规模等指标，将长江中游城市群高技术产业发展情况与其他发达地区进行区域比较，有助于评价长江中游城市群高新技术产业的实际竞争能力，为其后续发展提供有益参考。

首先，在主营业务收入规模方面，2004—2014年间，长江中游城市群、长三角、京津冀城市群以及成渝城市群4个地区均保持上升趋势。其中，长三角是我国重要的经济、科技与金融中心，为国家综合实力与整体竞争力的提升奠定了良好的基础。长三角地区科技资源丰富，经济实力雄厚，聚集国内外优秀人才，高新技术产业发展迅猛，其主营业务收入水平较高，远超其余3个区域。京津冀城市群也是我国重要的工业基地与高新技术产业发展中心，为我国北部经济、技术发展提供有力支撑，但其高新技术产业主营业务收入与长三角地区相比仍有一

定的差距,且变动趋势较为平缓,增速较慢。2004—2010年,长江中游城市群高新技术产业发展仍处于起步阶段,城市群规划仍未完全成形,其主营业务收入规模距京津冀城市群仍有一定的差距,排在4个区域的第三位。2010年后,随着长江中游城市群发展规划的不断完善以及内部各区域间深入协作的不断推进,其高新技术产业主营业务收入与京津冀城市群的差距不断缩小,并于2014年实现赶超。成渝城市群高新技术产业主营业务收入规模与长江中游城市群较为相近,也具备一定的发展实力与基础(图4-16)。

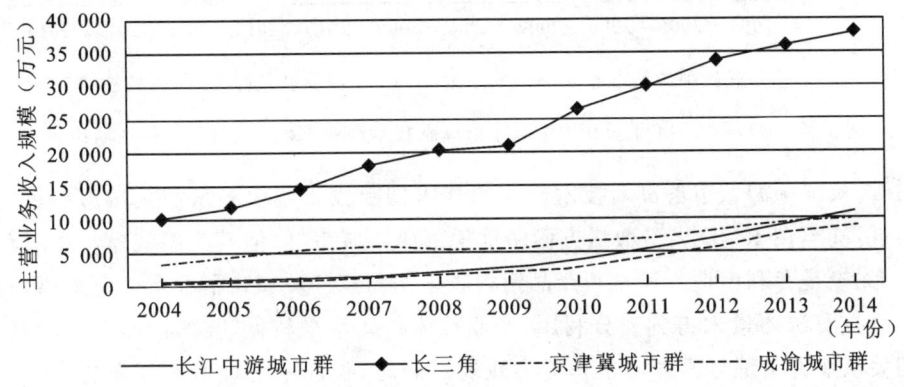

图4-16　2004—2014年长江中游城市群高新技术产业主营业务收入规模的区域比较

其次,在高新技术产业技术创新投入方面,尽管长江中游城市群的R&D经费内部支出与R&D人员数量不断上升,其技术创新投入随着中部地区经济、技术发展与建设的积累已达到一定的规模,然而从创新投入变动趋势与区域比较情况来看,长江中游城市群高新技术产业的R&D经费与人才投入水平仍远远落后于长三角地区,且增长速率较慢,双方差距进一步拉大。而从与京津冀城市群的对比情况来看,长江中游城市群R&D人员数量略胜一筹,但其R&D经费支出水平则稍稍落后,应通过政府拨款、企业自筹等多种方式进一步提高长江中游城市群高新技术产业的科研经费投入水平,为其自主研发能力的提升与技术创新产出规模的扩大提供良好的资金支持。相比较而言,成渝城市群无论在R&D人员数量还是R&D经费内部支出方面均排在最后一位,且2009年后该地区上升幅度较缓,部分年份甚至出现下降趋势,与长三角、长江中游城市群以及京津冀城市群的差距逐渐扩大(图4-17)。

最后,在高新技术产业技术创新产出规模方面如表4-2所示,虽然目前长江中游城市群高新技术产业的专利申请量与新产品销售收入均有所上升,但与长三角等发达地区相比还存在较大差距(图4-18)。结合技术创新投入的相关情况

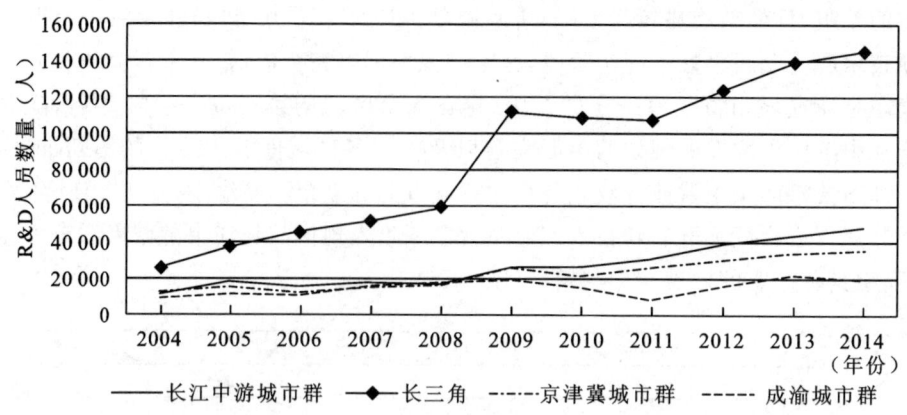

图4-17　2004—2014年长江中游城市群高新技术产业R&D人员数量的区域比较

来看,长江中游城市群高新技术产业的技术创新投入规模与京津冀城市群较为接近,甚至在R&D人员数量方面略优于京津冀城市群,但其产出规模却相对较小,无论是专利申请数还是新产品销售收入均与京津冀城市群存在一定距离,各项科技资源要素未得到充分利用,产业整体科研水平较低,技术创新能力较差,相关从业人员综合素养与工作能力较弱。同时,长江中游城市群高新技术产业技术创新产出规模的迅速扩大与高速发展很大一部分源于加工组装工作的不断增多,而非自身的自主创新能力与技术创新效率的提高,这也就意味着其核心发展的动能严重不足,不利于长江中游城市群在产业链分工中抢占上游有利地位,整体技术水平较差,高新技术产业缺乏竞争力。因此,不断提高产业从业人员的综合素质,充分挖掘和合理配置各项资源,加强自主创新能力建设,提高其技术创新效率,是当下长江中游城市群高新技术产业发展与进步的重要任务之一。

表4-2　长江中游城市群高新技术产业技术创新产出规模的区域比较

年份	专利申请量(件)				新产品销售收入(亿元)			
	长江中游城市群	长三角	京津冀城市群	成渝城市群	长江中游城市群	长三角	京津冀城市群	成渝城市群
2004	241	3071	1056	378	1 316 091	15 864 079	14 170 121	1 838 886
2005	731	3283	1288	341	1 051 997	20 646 535	12 970 426	2 748 899
2006	598	3844	1645	539	1 807 883	26 884 159	14 274 733	3 266 114
2007	729	5562	2145	1021	2 246 621	32 168 524	24 596 493	4 362 136
2008	1050	6882	4338	1076	2 608 187	45 522 410	22 543 981	4 948 597
2009	3674	17 641	5903	1850	5 544 190	43 123 962	23 203 954	7 090 666

续表 4-2

年份	专利申请量（件）				新产品销售收入（亿元）			
	长江中游城市群	长三角	京津冀城市群	成渝城市群	长江中游城市群	长三角	京津冀城市群	成渝城市群
2010	2940	14 339	5042	1872	6 285 411	44 337 954	22 790 776	2 855 360
2011	4250	17 018	7541	1466	8 187 100	64 078 223	21 441 829	4 985 079
2012	5735	20 535	11 414	5030	11 941 522	74 018 391	23 414 920	6 920 601
2013	7384	22 093	9622	4240	16 616 539	78 793 300	33 016 320	8 068 293
2014	8823	28 095	9950	5122	19 940 806	89 112 414	36 321 379	13 413 961

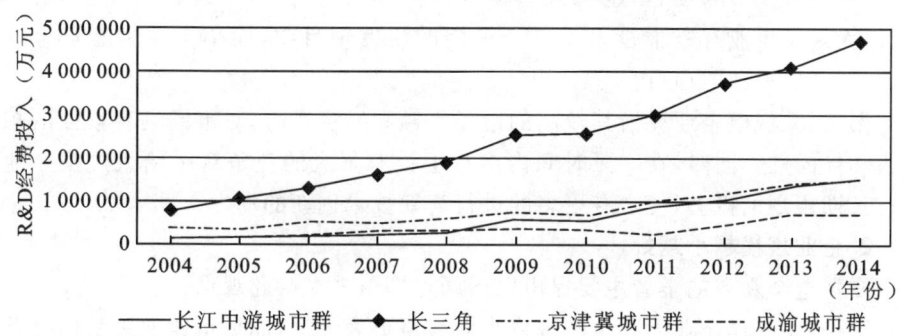

图 4-18　2004—2014 年长江中游城市群高新技术产业 R&D 经费投入的区域比较

第二节　高新技术产业技术创新效率影响因素分析

影响高新技术产业技术创新效率的要素主要分为内生和外生两个部分。内生因素主要是指企业自身的情况，比如管理水平、企业家的能力、生产技术等；外生因素则是指与该产业的制度特征及所处市场环境相关的因素，如产权制度、产业规模、市场竞争、产业结构、政府支持力度、技术贸易、外商直接投资等。借鉴现有文献的相关研究成果，结合高新技术产业技术创新的特性，充分考虑长江中游城市群的发展现状与需求，从企业规模、对外开放程度、人力资本和政府支持力度 4 个角度，探讨长江中游城市群高新技术产业创新效率的影响因素，并分析其作用机制。

一、企业规模

关于企业规模对技术创新的影响机制，至今没有一个统一的定论。一部分学者认为企业规模越大越利于技术创新的提高，而更有一部分学者持相反的观点,认为小企业更有技术创新优势。

1. 企业规模越大越好

这部分学者提出以下两方面的论据:

第一,大规模企业拥有足够的资金量。一方面,技术创新的市场化是企业技术创新的终极目的,包括研发产品的推广、销售等方面,而这一系列活动都需要强大的资金量作为基础。小企业纵使有技术,但没有足够的资金加以推广应用,将技术转变成经济效益、社会效益,这势必削弱小企业的创新动力和创新能力。另一方面,大规模企业有足够的资金开展大规模的研发活动,即多个项目的同步研发,纵使有失败的项目,也可以借助成功的项目进行弥补,降低了研发风险。而且,大规模企业有资本投入于一个长期的研发项目中,而小企业由于资金问题,只能开展短期的项目。

第二,大规模企业凭借其较高的市场份额和经济实力,对市场具有较强的控制力和导向性。同时,在一段时间内市场上没有强大的竞争对手给大规模企业进行长期规划的机会,使之有更多的进行高新技术创新的动力。

2. 企业规模越小越好

支持这个观点的学者主要提出以下两点理由来支持此观点:

第一,小规模企业因其生产规模小而显得更为灵活,能更迅速地接受信息并作出调整,而大规模企业由于其规模大,管理结构复杂,在整个产品研发过程中,不同部门的沟通较少,不利于对突如其来的影响迅速作出反应。也因此,大规模企业的决策层在作出决策时趋于保守,有时甚至不适应市场最新的局势。

第二,小规模企业中,科研人员的收入往往取决于其自身工作表现和工作绩效,有些则以认购股权的形式参与公司分红,因此,小规模企业的科研人员更具有创新的动力,更有欲望为公司做出贡献。

综上所述,企业规模的过大或过小都会产生规模不经济现象,不利于企业的技术创新。当企业规模过大时,企业内部各个运行机制间的沟通、协调能力大大削弱,由于管理结构的复杂性,管理效率大大降低;同时对外与市场变化的适应性也大大降低。而企业规模过小时,常常面临资金瓶颈,达不到行业所需的最低规模,内部科研人员的素质也不如大规模企业,在这种情况下,小企业更趋于跟随大企业的步伐,不做冒险性的尝试。因此,企业的规模适中,既有足够的资金支持和社会地位,也有一定的灵敏性和善于发现潜在机会的能力,是最有利于进行技术创新的。

二、对外开放程度

根据高新技术产业发展的基本特点,其对外开放程度对产业的影响主要可以从微观和宏观两个层面进行探讨。

1. 微观层面

在微观层面,对外开放程度主要通过影响人力资源、资本资源和技术资源来影响高新技术产业技术创新效率。

1) 人力资源

高新技术产业对外开放有利于产业劳动力素质水平的提升,吸收大量高素质人才。一方面,通过对外开放,借鉴国外先进企业的人才培养机制,大力培养国内高新技术人才;另一方面,在国内发展的外企企业、合资企业运用本土化战略,通过培训等方式,为本地区培养了大批优秀的产业储备人才。因此,产业对外开放程度的加深,为该地区带来的是技术人才和管理人才,这些人才都将为产业的壮大提供支持,从而提高区域的国际竞争力。

对外开放不仅表现在企业进驻国内这一层面,也表现在与国外企业进行研发上的交流与合作,这也将培养一批优秀人才,同时,许多国外企业与本土大学、科研机构合作成立研发中心、重点实验室等,共同开展科学研究与技术研发,这在培养人才的同时,也留住了人才。

对外开放不仅在技术人才的培养上有一定的促进作用,同时国外的先进管理理念通过对外开放进入中国本土,有利于培养管理型人才。部分外资企业会将管理层工作人员安排到公司总部进行管理能力的培训,这部分人员通过这类培训充分了解并掌握该公司的管理理念后,回国投入工作;也有一部分外资企业直接对本土的管理人员进行系统的培训,将自身的管理战略、经营模式等传授于人。

2) 资本资源

对外开放程度对产业资本资源的影响主要体现在外商直接投资这一部分。随着对外开放程度的加深,长江中游城市群高新技术产业的资本支持不再仅仅依赖于国内各级政府的财政资金和自筹,外商直接投资越来越成为支撑长江中游城市群高新技术产业的重要支柱,解决了相当大一部分的资金问题,推动产业走出资金瓶颈,并得到进一步发展。

3) 技术资源

高新技术产业对外开放一方面为长江中游城市群带来了直接的前沿的技术,另一方面提供了长江中游城市群在新技术研发方面的参照支持。提供直接的技术支持是通过外资企业与本区域企业形成上下游产业链关系,互相提供零部件或半成品等,从一定程度上促进本土企业技术进步。此外,本土企业通过学习、模仿国外企业的先进技术,从而自主研发出新产品。

但是,对外开放在一定程度上也会形成技术垄断,不利于本区域的技术进步。一方面,外资企业会将核心技术保留;另一方面,外资企业会将自身的技术设定为专业标准,从而将本土企业的技术关在市场门外,剥夺了本土企业技术进步与发展的机会。

但是综合整体来看,对外开放对高新技术产业的技术进步是有利的,纵使产生了技术垄断,也还是会有相当一部分技术被本土高新技术人才所吸收,并加以进一步创新使其成为一项新的技术,从而助推长江中游城市群高新技术产业的技术进步。

2. 宏观层面

宏观层面上,对外开放主要通过需求与供给两个方面影响产业的技术创新。

1)需求方面

产业对外开放通过改变落后的管理理念、提升技术水平来提高本区域高新技术产品的质量,从而拉动当地的需求,并进一步形成一批较为成熟的客户群。

产业对外开放改善了长江中游城市群高新技术产业的需求结构。国外的先进技术市场化后,利用信息、产品示范等渠道引导消费者进行购买,从而拓宽本土高新技术产品的需求市场;随着需求的一步步激发,一系列高新技术也得以发展,尤其是在电子产品、医药行业等方面,技术创新有了新的突破。

2)供给方面

供给方面的影响主要体现在同业竞争中。产业对外开放通过技术创新调整同业竞争格局,提高产业的国际竞争力。

同业竞争包括来自国内和国外两个层面的竞争,而相比较而言,国内的同业竞争更有利于加强产业的国际竞争力。原因在于当国内市场的同业竞争相当激烈时,所有企业的成本、供应商等条件都基本上相同,唯一可以做的就是进行技术突破,研发更为先进的技术,开发更具竞争力的商品。而对外开放则是解决本土企业技术难题的一个有效途径,学习国外先进技术,在同业竞争中占据有利地位。

三、人力资本

人力资本要素对高新技术产业技术创新的影响主要包含以下两个方面:一是人力资本的作用机制,另一个是人力资本的类型。

1. 人力资本作用机制

1)对知识获取能力的作用

高新技术产业的知识获取一方面从外部获得知识,另一方面则通过引进相关方面的人才,利用人才自身带来的知识库。从这个角度上来讲,人力资本对高新技术产业的作用主要表现在人才引进的阶段,高新技术产业往往趋于引进具有相应技术的高学历人才,不仅获得了工作人员,同时也取得了知识。因此高新技术产业所引进的人才水平越高,越有利于其技术创新。

2) 对知识消化能力的作用

企业在获得知识后,需将知识进行消化吸收成为企业自身的知识,高新技术企业具备较高理解知识的能力是企业发展的一项重要因素,而其水平高低取决于企业内部员工的知识水平。企业内部员工经验越丰富,能解释、消化的知识就越多样,从而能有效解决各种难题。

3) 对知识转化能力的作用

高新技术产业拥有高端的人才储备,这些人才拥有出众的分析能力,凭借自身的经验,通过相互沟通、实验,对来自不同领域、不同层面、不同架构和内容的知识进行整合,实现知识的重组,使得原先零散的知识形成一个全新的体系,从而帮助企业捕捉市场变化中的机会,研发新的技术,提升企业绩效。

4) 对知识利用能力的作用

诺贝尔经济学奖获得者索罗强调技术创新应是技术通过其变成商品在市场上进行销售,从而获得经济效益。因此,高新技术产业的工作人员不仅要对获得的知识进行消化吸收和转化,更要加以利用,即将知识、技术转变成具体的商品,通过市场流通,获得经济效益,从而完成真正的科技创新。

2. 人力资本类型

根据高新技术产业的构成与行业特色,其人力资本主要包括作为高新技术产业发展重要"催化器"与"动力引擎"的、以具有专业技能的科研人员为代表的专业型人力资本,以及发挥润滑与统筹作用的、以具有一定管理水平和决策能力的管理人员为主导的企业家人力资本两类重要形式。

一方面,专业型人力资本主导了产业技术创新水平。产业的发展依赖于先进的科研成果,要使产业稳定、长久地发展,就需要持久的科技进步。而科研成果的研发正是科研人员的价值所在,科研人员通过研发新的技术、产品,开拓新的科学领域,为产业提供新的经济增长点和生产力。因此,高新技术产业中科研人员的比重、质量直接决定了产业的生存和发展,影响其产业化进程。

另一方面,企业家人力资本决定了高新技术产业的发展方向与高度。要使技术创新成果最终转变成实际的生产力,就必须通过产业化、市场化和商品化的途径。在该过程中,企业的管理者、决策者起着至关重要的作用。他们对技术创新的态度,将影响企业依赖技术进步的主动性,他们自身的科学素质和预见能力,将影响企业发展的方向。所以,一批拥有战略思想、用人唯贤、敢于创新的高层管理者将是企业发展的重要筹码。

四、政府支持力度

在政府支持力度对高新技术产业技术创新的影响方面,当下学术界有3种见解:

第一,消除技术创新滞后论。该观点强调政府制定技术创新相关政策的最终目的是引导技术创新朝着有助于公共效益的方向开展,扩大技术创新的规模,提高技术创新的速度,削弱技术创新的滞后,从而推动科研成果的产业化进程。同时,该观点还认为,技术创新具有高风险,其不确定性要求政府制定政策措施来有效规避大部分的风险。

第二,技术创新基础设施论。该观点指出,技术创新基础设施是企业进行技术创新的前提和基础,而由于该基础设施投资表现为非连续性,不可能在市场竞争中自然产生,只能通过政府干预来实现。

第三,技术创新的克服市场失灵论。该观点则认为,政府的主要作用在于克服市场失灵。产业技术创新的市场失灵情况有很多种:当企业鉴于相关商业风险、自身资金能力不足等原因,导致科研投入规模较小,不满足研发需求,或是因技术水平有限、风险防控机制不完善等因素,导致资源利用转化效率较低等,均会产生市场失灵现象。此外,当基础性研究的技术创新所产生的效益较少,耗时较长,且具有一定的外部性时,创新主体会相应地减少对基础性研究的投资,这同样也是一种市场失灵的表现。而该观点认为,政府需要解决的一个重要问题就是克服市场失灵,通过制订政策、计划并加以实施的手段。

事实上,深入分析以上3种观点,都可以归结为市场失灵的问题。技术创新滞后性主要归因于技术创新的高风险和不确定性,这正是市场失灵的一种体现;基础设施论认为技术创新具有一定的外部性,表现出公共产品的特性,该基础设施无法由市场提供,只能由政府强制干预来实现,其本质也就是公共物品造成的市场失灵,同时,技术创新的基础设施仅仅是技术创新活动的前提条件,其得到很好的建设,也不能代表技术创新能有效开展。因此,政府干预的手段理应根据这一观点来选择,即能否有效解决市场失灵问题。所有有助于克服市场失灵而实行的政策方案,都是有效的政府干预举措,也是政府支持力度的一种体现。

基于以上分析,技术创新的政府干预手段可分为以下3种:首先,以进一步促进和加强科研活动规模与质量为关键,积极构建和完善相应的政策扶持支撑系统,鼓励各大创新主体加大科研投入,有效提升整体知识存量与技术水平;其次,根据技术创新进程中易产生的各项商业、研发、资金等风险问题,建立健全相应的风险防范、分摊与补偿系统,利用其历经阶段多、参与部门广、主体职能各异的基本特征,实现风险的共担与合理分摊,保障各方权益;最后,针对技术创新外部性导致的市场失灵的政策,常见的有专利政策、知识产权保护政策等。除了以上3个方面政策工具外,政府还可以指定一系列针对技术创新的宏观政策、针对基础设施建设的政策,以提高其技术创新的效率水平。

同时,政府作为政策制定、法律完善、产业调整等环节的重要参与者与主导者,其资金、政策等因素的支持力度对高新技术产业的技术创新效率具有较大影响,而具体的作用程度和作用方向还需要进一步的研究与分析。

第三节 基于 SFA 的高新技术产业技术创新效率评价

根据长江中游城市群科技发展实际,围绕企业规模、对外开放程度、政府支持强度和劳动力素质4项重要影响因素,科学有效地评价该地区高新技术产业的技术创新效率水平,分析和探讨各因素对其发展的作用机理与影响程度,不仅有利于产业自身的可持续发展,同时对于进一步帮助政府有关部门制定产业及区域发展政策、深化长江中游城市群四省技术创新建设与多边合作、提升区域科学技术水平与自主创新能力、推进产业结构转型等都具有重大意义。

一、方法选择及模型构建

1. 方法选择

针对绩效评价与测算的有关内容,大部分学者采用随机前沿分析法以及数据包络方法。SFA 属于参数方法,借助生产函数构造出有效的前沿面,对技术无效率项进行条件期望测算,得到技术效率值;DEA 为非参数方法,不考虑生产函数形式,采用线性规划技术对投入产出数据构造生产可能集的有效前沿面,根据决策单元到前沿面的距离进行技术效率的判定。

对于实际产出与前沿面间的问题,数据包络法存在一定的限制,仅对技术效率的影响进行了考量与验证。而 SFA 方法能够考虑影响区域创新产出的随机因素,通过将实际产出分作生产函数、随机因素和技术无效率三部分加以考量。高新技术产业的技术创新过程,是一个内生因素及外生因素共同作用的过程,在进行高新技术产业技术创新效率测算时需要考虑外生变量的影响,这一点可以借助 SFA 方法实现。在估计过程中,SFA 方法进行的是极大似然法估计,保证了所估计样本信息能够得到同等充分利用。因此,从以上几个方面进行考虑,本节选择使用 SFA 方法就高新技术产业技术创新效率影响因素进行研究。

2. 模型构建

在 SFA 这种参数方法的实际应用中,首先需要解决生产函数形式的选择问题。一般而言,SFA 生产函数主要有柯布道格拉斯生产函数和超越对数生产函数两种。基于 Battese&Coelli(1992)的模型,在考虑影响因素的前提下,模型设定为如下形式:

$$\ln Y_{it} = \alpha_0 + \alpha_1 \ln K_{it} + \alpha_2 \ln L_{it} + \frac{1}{2}\alpha_3(\ln K_{it})2 + \frac{1}{2}\alpha_4(\ln L_{it}) + \frac{1}{2}\alpha_5 t^2 + \alpha_6 t\ln K_{it} + \alpha_7 t\ln L_{it} + \alpha_8 \ln K_{it}\ln L_{it} + \alpha_9 t + V_{it} - U_{it}$$

(4-1)

式中,Y_{it} 表示产出,K_{it} 表示资本投入,L_{it} 表示人员投入,这里需要说明的是,本章在考察高新技术产业技术创新影响因素时仅考虑了最初始的资本投入、人员投入以及最终的产品产出,并没有考虑创新过程中所涉及到的其他投入及产出,t 表示时间趋势,$V_{it} - U_{it}$ 为函数中的随机扰动项,V_{it} 表示随机变量,服从正态分布 $N(0,\sigma^2)$,U_{it} 表示反映技术效率损失的技术无效率干扰项,服从截断正态分布 $N(m_{it},\sigma_U^2)$,并且与 V_{it} 相互独立,其中 $m_{it} = E(U_{it}) = \rho_0 + \rho Z_{it}$,$Z_{it}$ 表示解释变量。

保持技术水平与生产要素的投入规模两个重要变量不变,在此前提下,实际产出与最优前沿产出的比值即为技术效率,其中,技术效率损失 U_{it} 为 0 时所得到的最优产出就是最优前沿产出。因此,随机前沿模型体现的技术效率 TE_{it} 表示为:

$$TE_{it} = \exp(-U_{it}) = \frac{E[\exp(Y_{it}^*)/U_{it}, X_{it}]}{E[\exp(Y_{it}^*)U_{it}=0, X_{it}]}$$

(4-2)

待估参数 γ 为:

$$\gamma = \delta_{it}^2/(\delta_{it}^2 + \delta_v^2)$$

(4-3)

γ 的取值介于 0 到 1 之间,通过该参数的大小可以判断非效率的影响因素指标是否值得考虑,γ 越接近于 1,表明模型非效率方程的设定更为合理。

本书主要考察的影响高新技术产业技术创新效率的因素有 4 个,分别为企业规模、对外开放程度、劳动者素质以及政府支持力度。构建 m_{it} 公式如下所示:

$$m_{it} = \rho_0 + \rho_1 \text{Indu}_{it} + \rho_2 \text{Open}_{it} + \rho_3 \text{Edu}_{it} + \rho_4 \text{Gov}_{it}$$

(4-4)

式中,Indu_{it} 表示企业规模;Open_{it} 表示对外开放程度;Edu_{it} 表示劳动者素质;Gov_{it} 表示政府支持力度。式(4-4)与式(4-1)、式(4-2)、式(4-3)共同构成了本章用于分析高新技术产业技术创新效率影响因素的随机前沿生产函数模型。

二、数据来源及处理

在数据采集方面,本节以《高技术产业统计年鉴(2001—2015)》和"中国高技术产业数据"网站为主要数据来源,根据高新技术产业技术创新效率测度相关评价指标,收集并整理长江中游城市群各省市相关数据资料,以湖北、湖南、江西、安徽4个省份作为决策单元进行评价,并与全国其他地区的创新效率值进行区域差异比较分析,有效掌握长江中游城市群高新技术产业技术创新的具体效率水平与发展不足。此外,进行区域比较时,由于内蒙古、新疆、西藏和青海4个省(自治区)数据大面积残缺,未将其纳入分析范围。

在具体数据处理方面,一方面考虑到价格因素对评价结果的干扰,主要针对产出指标中的新产品销售收入这一项,采用工业品出厂价格指数进行平减,平减为2000年不变价。具体公式如下:

$$SRNP_t^* = SRNP_t / 工业品出厂价值指数 \times 100 \quad (4-5)$$

另一方面,对于存量指标的获取,首先将原始数据用组合R&D价格指数进行平减,平减为2000年不变价,在此基础上,借鉴已有研究的相关做法进行计算,以R&D经费存量为例,具体公式如下:

组合R&D价格指数=0.45×固定资产价格指数+0.55×居民消费价格指数

$$RDE_{i,t} = (1-\delta)RDE_{i,t-1} + E_{i,t-1} \quad (4-6)$$

式中,$RDE_{i,t}$、$RDE_{i,t-1}$ 分别表示第 i 个地区第 t 年与第 $t-1$ 年的R&D经费存量,$E_{i,t-1}$ 为第 $t-1$ 年第 i 个地区的R&D经费支出,δ 为折旧率,此处取15%。

而初始年份的R&D经费存量的计算,则根据式4-7计算得到

$$RDE_{i,0} = E_{i,0}/(g+\delta) \quad (4-7)$$

式中,$E_{i,0}$ 为初始年份(在本书研究中即为2000年)的R&D经费支出,g 为研究时段内R&D经费支出的年均增长率。

此外,4项影响因素的计算公式如下:

企业规模＝当年产业主营业务收入÷当年企业数 (4-8)

对外开放程度＝当年出口交货值÷当年产业主营业务收入 (4-9)

劳动力素质＝R&D人员全时当量÷从业人员数量 (4-10)

政府支持＝R&D经费内部支出中政府资金部分÷R&D经费内部支出

(4-11)

式中,计算企业规模之前,先将主营业务收入用组合R&D价格指数进行平减,后代入公式计算。

三、实证分析

采用Front4.1软件就以上式(4-1)至式(4-4)组合的随机前沿生产函数模型进行参数估计,得到表4-3所示的结果。由表4-3可以得知,σ^2 值的 t 统计量在

1%的水平上通过显著性检验,这说明随机变量显著存在。γ 在 1%的显著性水平下通过显著性检验,表明技术无效率干扰项 U_{it} 显著存在,并且得出创新产出的偏差源于技术非效率。LR 值统计量在 1%的水平下也高度显著。因此,本书构造的随机前沿生产函数模型是有效的。

表 4-3 高新技术产业技术创新效率研究

生产函数	结 果	技术效率损失	结 果
α_0	3.296(3.172)***	ρ_0	3.033(8.796)***
α_1	−0.369(1.677)*	ρ_1	−0.350(−1.752)*
α_2	1.747(4.789)***	ρ_2	0.403(1.894)***
α_3	0.093(1.242)	ρ_3	21.113(3.083)***
α_4	0.317(3.660)***	ρ_4	3.102(4.022)***
α_5	0.083(0.850)	观测值	405
α_6	0.013(2.320)***	γ	0.811(19.102)***
α_7	−0.085(−4.773)***	σ^2	1.339(9.284)***
α_8	0.098(5.305)***	LLF	409.906
α_9	−0.244(−2.673)***	LR	139.188

注:*、**、*** 分别代表 10%、5%、1%水平上显著,括号内为估计值得标准误。

从表 4-3 中可以看出,模型中大多数变量都通过了显著性检验,只有时间趋势的平方项没有通过检验。

1. 高新技术产业技术创新效率时间变化规律

由表 4-3 中的有关数据得出图 4-19,即为 2000—2014 年长江中游城市群高新技术产业技术创新效率均值随时间的变化趋势。从图中可以看出,这 15 年

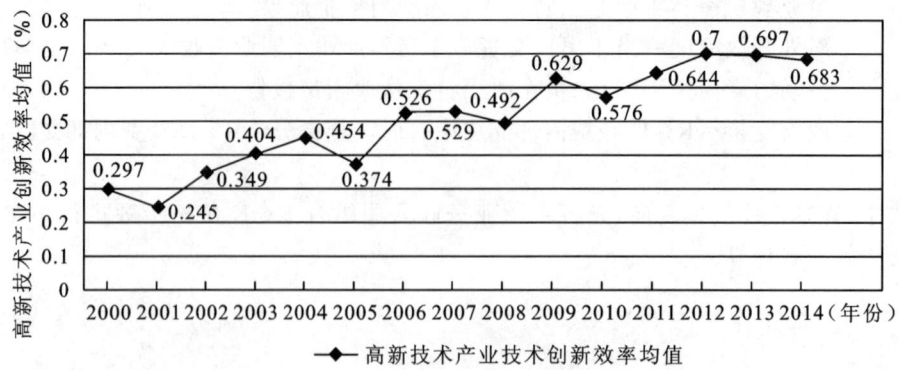

图 4-19 长江中游城市群高新技术产业技术创新效率均值变化图

内,长江中游城市群高新技术产业技术创新效率虽有部分年份略微下降,形成一定波动,但整体仍处于上升态势,其中2012年达到峰值,最高为0.7,随后创新效率均值略有回落,下降至2014年的0.683,但依旧显著高于2000年0.297的效率值水平,增长幅度明显。因此,可以得出,随着政府重视程度的不断强化、相关改革创新方针的不断落实以及当地经济发展与技术进步水平的不断增长,长江中游城市群高新技术产业技术创新效率不断提升,虽与其他发达地区仍有一定距离,但其差距正在不断缩小。

根据表4-4中的数据分析具体省份的效率值,可以看出,2000—2014年间长江中游城市群高新技术产业技术创新效率均值排名依次为湖南省(0.588)>安徽省(0.565)>江西省(0.466)>湖北省(0.407),四省效率值存在一定差异,且整体实力偏弱,在全国范围内处于中下游水平,进一步加强四省自主创新建设、大力推动高新技术产业体制机制改革升级、深入推进湘、鄂、皖、赣协同发展是当前长江中游城市群高新技术产业建设的重要任务。

表4-4 2000—2014年高新技术产业技术创新效率值

年份 地区	2000	2001	2002	2003	2004	2005	2006	2007	2008	2009	2010	2011	2012	2013	2014	均值
北京	0.714	0.749	0.737	0.523	0.712	0.705	0.750	0.871	0.854	0.851	0.844	0.831	0.799	0.798	0.795	0.769
天津	0.783	0.836	0.865	0.865	0.907	0.909	0.910	0.914	0.897	0.879	0.883	0.871	0.891	0.900	0.894	0.880
河北	0.534	0.433	0.356	0.360	0.350	0.360	0.403	0.484	0.538	0.478	0.477	0.467	0.611	0.610	0.585	0.470
山西	0.543	0.675	0.707	0.637	0.719	0.763	0.836	0.898	0.881	0.710	0.840	0.746	0.796	0.812	0.865	0.762
辽宁	0.831	0.816	0.851	0.859	0.857	0.808	0.776	0.727	0.725	0.748	0.626	0.696	0.655	0.598	0.600	0.529	0.723
吉林	0.251	0.201	0.129	0.327	0.477	0.371	0.502	0.583	0.573	0.644	0.520	0.598	0.576	0.690	0.722	0.478
黑龙江	0.644	0.525	0.544	0.630	0.591	0.545	0.128	0.198	0.187	0.155	0.136	0.148	0.188	0.168	0.187	0.332
上海	0.767	0.791	0.848	0.852	0.872	0.900	0.906	0.902	0.900	0.881	0.875	0.865	0.841	0.825	0.822	0.856
江苏	0.877	0.863	0.876	0.882	0.896	0.882	0.883	0.896	0.904	0.891	0.877	0.895	0.895	0.881	0.874	0.885
浙江	0.729	0.671	0.670	0.819	0.815	0.798	0.819	0.804	0.774	0.752	0.723	0.735	0.728	0.741	0.718	0.753
安徽	0.255	0.196	0.614	0.714	0.387	0.619	0.685	0.642	0.417	0.605	0.407	0.686	0.747	0.738	0.765	0.565
福建	0.883	0.885	0.895	0.921	0.911	0.914	0.908	0.905	0.901	0.877	0.877	0.880	0.869	0.855	0.829	0.887
江西	0.246	0.239	0.246	0.503	0.416	0.418	0.438	0.385	0.442	0.512	0.581	0.569	0.649	0.663	0.684	0.466
山东	0.767	0.780	0.772	0.752	0.797	0.775	0.784	0.820	0.814	0.802	0.796	0.795	0.779	0.730	0.718	0.779
河南	0.716	0.470	0.663	0.664	0.631	0.572	0.537	0.558	0.520	0.551	0.521	0.596	0.695	0.913	0.911	0.635
湖北	0.161	0.104	0.097	0.084	0.242	0.132	0.484	0.569	0.539	0.611	0.691	0.707	0.603	0.647	0.544	0.498	0.407
湖南	0.526	0.439	0.441	0.316	0.772	0.326	0.496	0.520	0.570	0.709	0.607	0.716	0.757	0.841	0.783	0.588
广东	0.806	0.829	0.811	0.847	0.867	0.866	0.884	0.872	0.881	0.872	0.883	0.881	0.877	0.868	0.864	0.861

续表 4-4

年份 地区	2000	2001	2002	2003	2004	2005	2006	2007	2008	2009	2010	2011	2012	2013	2014	均值
广西	0.545	0.469	0.476	0.479	0.574	0.553	0.436	0.433	0.579	0.608	0.660	0.658	0.773	0.849	0.812	0.594
海南	0.347	0.780	0.468	0.423	0.813	0.042	0.060	0.304	0.239	0.464	0.213	0.557	0.455	0.384	0.258	0.387
重庆	0.450	0.574	0.585	0.483	0.526	0.652	0.665	0.626	0.682	0.759	0.713	0.891	0.877	0.873	0.914	0.685
四川	0.802	0.794	0.559	0.803	0.719	0.697	0.714	0.716	0.655	0.722	0.359	0.547	0.818	0.839	0.809	0.704
贵州	0.330	0.324	0.396	0.480	0.498	0.440	0.406	0.439	0.354	0.440	0.323	0.366	0.350	0.198	0.363	0.381
云南	0.767	0.772	0.631	0.503	0.567	0.628	0.617	0.764	0.710	0.734	0.654	0.604	0.461	0.656	0.600	0.644
陕西	0.136	0.123	0.126	0.156	0.221	0.202	0.269	0.245	0.292	0.229	0.268	0.322	0.274	0.202	0.227	0.219
甘肃	0.586	0.154	0.228	0.204	0.345	0.256	0.447	0.550	0.327	0.429	0.572	0.609	0.683	0.722	0.726	0.456
宁夏	0.883	0.521	0.635	0.437	0.294	0.651	0.755	0.733	0.602	0.755	0.825	0.818	0.811	0.798	0.732	0.683
长江中游城市群均值	0.297	0.245	0.349	0.404	0.454	0.374	0.526	0.529	0.492	0.629	0.576	0.644	0.700	0.697	0.683	0.507
全国均值	0.588	0.556	0.564	0.575	0.601	0.583	0.609	0.643	0.621	0.653	0.624	0.663	0.683	0.692	0.685	0.623

如图 4-20，长江中游城市群 4 个省份中，湖南省高新技术产业技术创新效率值平均水平最高，为 0.588，表明在 2000—2014 年间，湖南省高新技术产业整体创新能力相对较强，在长江中游城市群内部起主要支撑作用。纵观湖南省历年技术创新效率值变动情况，可以看出，2005 年后湖南省基本保持稳定上升趋势，创新能力建设取得良好进展，高新技术产业技术创新效率持续增长，为该地区整

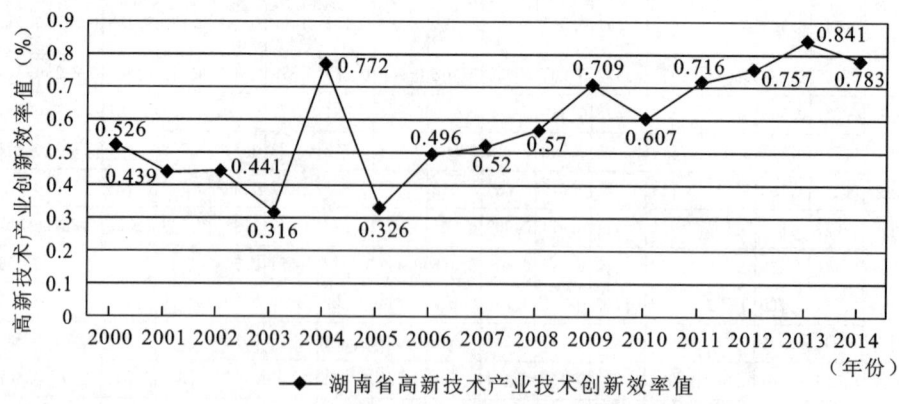

图 4-20　2000—2014 年湖南省高新技术产业技术创新效率变化图

体技术水平的提高以及综合竞争实力的增强提供核心支持。

安徽省高新技术产业技术创新效率值平均水平为0.565,以微弱差距在四省中排名第二。然而,观察安徽省创新效率值的变化趋势发现,安徽省高新技术产业技术创新效率较不稳定,表现出"上升—下降—又上升"的较大波动,最低为2001年的0.196,最高为2014年的0.765,整体变化幅度较大,尚未形成完整、系统且有效的技术创新规划体系,高新技术产业发展仍不成熟,应进一步推进其技术创新建设,增强高新技术产业技术创新效率的稳定性,实现高新技术产业的健康、持续、稳健发展(图4-21)。

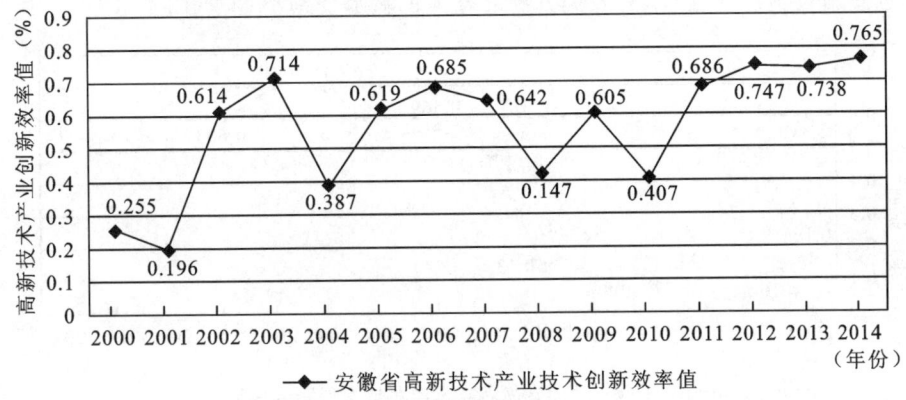

图4-21 2000—2014年安徽省高新技术产业技术创新效率变化图

江西省高新技术产业技术创新效率值平均水平在长江中游城市群四省中排名第三,技术创新效率均值为0.466。与其他三省相比,江西省高新技术产业技术创新效率值变动最为平稳,发展潜力大,高新技术产业经过多年发展已实现一定突破,2014年其技术创新效率达到0.684,比2000年上升0.438,但整体水平仍有待进一步增强,技术创新能力提升空间较大(图4-22)。

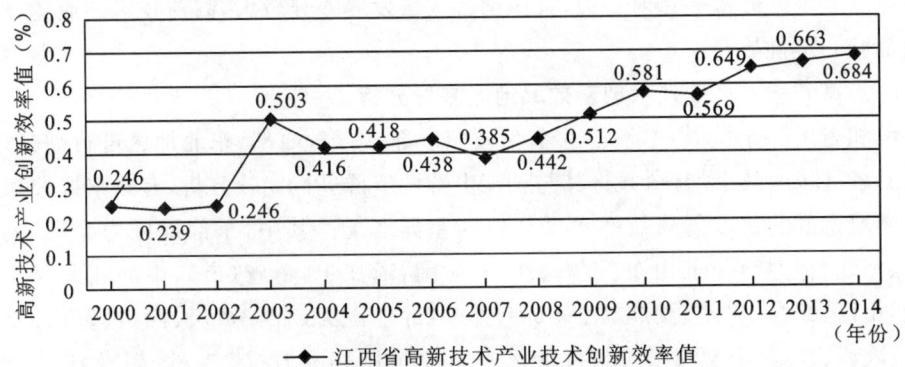

图4-22 2000—2014年江西省高新技术产业技术创新效率变化图

相比之下,湖北省高新技术产业技术创新效率值平均水平排名倒数第一,仅为0.407。从其变动趋势来看,该地区技术创新效率值增减波动较为频繁,高新技术产业发展较不成熟,缺乏稳定性,2012年后其技术创新效率值出现了较为明显的下降趋势,由2012年的0.647下降至2014年的0.498。湖北省作为长江中游城市群发展的重要区域,肩负着中部崛起战略支点的重要使命,然而其高新技术产业技术创新效率均值相对较低,并未在重、化工业向高新技术产业转型的过程中取得较大的进展,不符合当前湖北省社会经济发展进程与战略地位,重点推进高新技术产业建设、有效提升湖北整体创新水平刻不容缓(图4-23)。

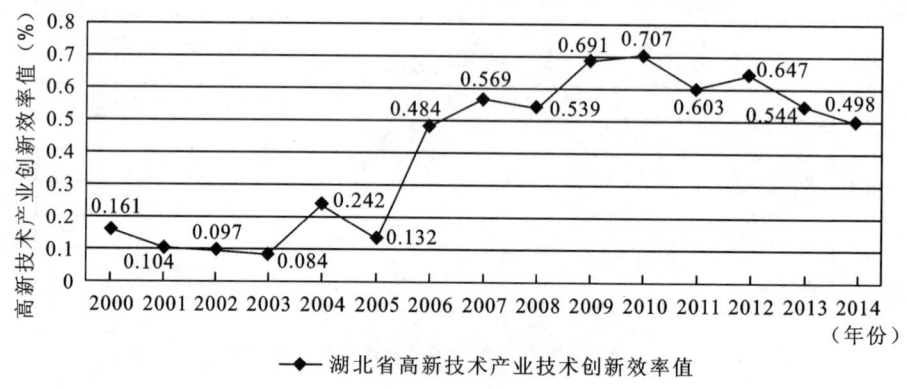

图4-23 2000—2014年湖北省高新技术产业技术创新效率变化图

而从2014年当年的创新效率水平来看,湖南省、安徽省的产业技术创新效率值分别为0.783、0.765,创新水平相对较好,但仍与上海、江苏、广东等发达地区存在一定距离。江西省2014年的技术创新效率值为0.684,在全国范围处于中等水平,而湖北省则仅为0.498,技术创新效率水平亟待增强。长江中游城市群创新效率整体水平相对一般,且内部各区域发展差异较大,高新技术产业建设仍面临一定挑战。

2.高新技术产业技术创新效率地区差异分析

如表4-5所示,本文将27个省份按照东部、中部、西部、东北地区进行划分,得到各区域的效率均值,并将其与长江中游城市群进行比较分析,有效掌握长江中游城市群的技术创新效率水平与地区差异情况。其中,东部地区为北京、天津、河北、福建、广东、山东、上海、江苏、海南、浙江10个省(市);中部地区为安徽、山西、江西、河南、湖北、湖南6个省;西部地区为广西、重庆、四川、贵州、云南、陕西、甘肃、宁夏8个省(自治区);东北地区则有辽宁、吉林、黑龙江3个省份。

第四章 长江中游城市群高新技术产业创新效率评价

表 4-5 中国东、东北、中、西部地区及长江中游城市群高新技术创新效率均值表

年份 地区	东北部	东部	中部	西部	全国	长江中游城市群
2000	0.575	0.721	0.408	0.562	0.567	0.297
2001	0.514	0.762	0.354	0.466	0.524	0.245
2002	0.511	0.730	0.461	0.455	0.539	0.349
2003	0.605	0.724	0.486	0.443	0.565	0.404
2004	0.625	0.794	0.528	0.468	0.604	0.454
2005	0.564	0.715	0.472	0.510	0.565	0.374
2006	0.452	0.731	0.579	0.539	0.575	0.526
2007	0.502	0.777	0.595	0.563	0.609	0.529
2008	0.503	0.770	0.562	0.525	0.590	0.492
2009	0.475	0.775	0.630	0.585	0.616	0.629
2010	0.451	0.745	0.611	0.547	0.588	0.576
2011	0.467	0.778	0.653	0.602	0.625	0.644
2012	0.454	0.775	0.715	0.631	0.644	0.7
2013	0.486	0.759	0.752	0.642	0.660	0.697
2014	0.479	0.736	0.751	0.648	0.653	0.683
均值	0.511	0.753	0.571	0.546	0.595	0.507

从表 4-5 中可以看出，就均值而言，产业技术创新效率：东部 0.753＞全国 0.595＞中部 0.571＞西部 0.546＞东北 0.511＞长江中游城市群 0.507，呈现出较为明显的地区差异；长江中游城市群高新技术产业技术创新效率较差，低于中部地区平均水平，离"建设中部崛起核心增长极"目标仍有一定差距。从 2014 年效率值来讲，第一，中部地区六省 2014 年高新技术产业技术创新效率超过了东部地区，整体水平全国最高，这应该与国家推行中部崛起计划以及长江中游城市群、长株潭城市群等发展规划有显著联系；第二，2014 年长江中游城市群高新技术产业技术创新效率达到了 0.683，高于西部地区的 0.648、东北部地区的 0.479 以及全国的 0.653，低于东部地区的 0.736 和中部地区的 0.751，高新技术产业建设取得一定进展，技术创新效率水平实现重要突破。从历年变动情况来看，2000—2006 年期间，长江中游城市群整体经济、科技发展基础较弱，区域战略发展规划尚未成形，湘、鄂、皖、赣四省区域协作缺乏深度，高新技术产业技

术创新效率较低,与其他地区差距较大,综合竞争实力较弱。2006年后,随着长江中游城市群科技创新建设的不断积累,其高新技术产业实现高速增长,技术创新效率逐渐赶超东北部地区、西部地区以及全国水平,长江中游城市群高新技术产业发展稳步上升。此外,长江中游城市群高新技术产业创新效率变动曲线形状与中部地区较为相似,其波动变化大致上保持一致,相较于东部地区的平稳态势,长江中游城市群基本处于稳定的上升趋势,因此可以判断:长江中游城市群高新技术产业技术创新效率将在较长时间内保持高于东部地区的增长速度。

西部地区产业技术创新效率落后于全国水平,仍有很大的进步空间。从图4-24中可以看出,西部地区在2000年过后先出现了下降,之后从2003—2004年开始逐步上升,2008—2010年时间段出现"W"形波动后缓慢上升。这是由于2000年1月,国家成立西部地区国家开发领导小组,此后人力、物力投入力度的加大在短时间内并未产生直接效果,从创新效率自身的特性而言,西部地区出现2000—2003年间的效率下降是可以解释的。此外,当投入逐步转化为新产品后,创新效率开始提升,2008—2010年间的效率波动应当与当时全球金融危机带来的全行业冲击有关。值得庆幸的是,西部地区的效率值整体呈现上升趋势,已经开始向东部地区看齐,与东部、中部地区创新效率值正在缩小。

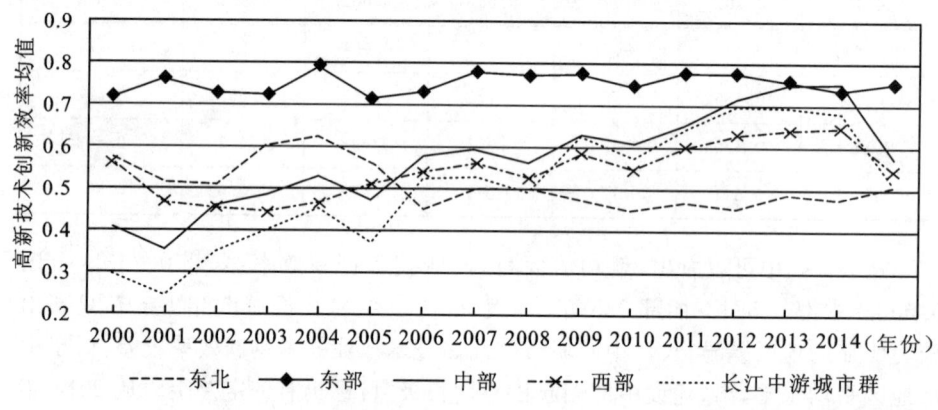

图4-24 我国东、东北、中、西部地区及长江中游城市群高新技术创新效率均值变化图

同样是经历下降再上升的过程,东北地区的高新技术产业技术创新效率增长却在2004年达到顶点后,呈现持续下滑趋势。东北地区高新技术产业技术创新效率与其他地区相差较远,高新技术产业发展以及创新能力水平提升亟待落实,是当前中国产业转型及升级以及创新驱动战略指导下的重点区域;抛除投入加大影响效率提升的因素之外,东北地区,尤其是辽宁和黑龙江两个省必定是在执行国家振兴战略过程中出现了问题,传统的体制性弊端和结构性弊端是否得到较好的改变,这也是当前东北地区"再工业化"过程中亟待解决的问题。

当然，这里需要指出的是，本书所研究的仅限于高新技术产业，与地区国民经济发展水平并无严格的对应性，地区新产品销售收入少，但相对科研投入也可能较小，技术创新效率则可能相对较高。

3. 高新技术产业技术创新效率影响因素分析

从表 4-3 可得，投入变量"科技资本投入"以及"科技人员投入"系数分别为 -0.369 和 1.747，其中科技人员投入对新产品销售收入的影响为正，即高新技术产业发展过程中的科技人员投入对新产品的销售收入产生积极影响。而科技资金投入的系数为负。可见，在其他条件不变的情况下，科研人员投入的作用要大于资本投入的作用，科研资本投入对新产品的产出为负，这可能与科研资金配置的合理性以及资金投入本身存在时滞性有关。

从技术效率损失函数的参数估计来看，4 个因素均通过显著性水平检验。其中，企业规模对高新技术产业技术创新效率的影响为负，系数为 -0.350，表明企业规模越大，越不利于企业技术创新效率的提升。这一结果更加贴近于诸多认可中小企业更具有技术创新优势的观点，企业规模扩大后，将面临着企业内部、市场内外的协调成本增大的问题，管理效率下降对技术创新效率也产生了损害，这与我国企业现存实情比较吻合。

对外开放度对于高新技术产业技术创新效率的影响为正，系数为 0.403，表明区域开放程度越大，越有利于高新技术产业技术创新效率的提升。

劳动力素质对高新技术产业技术创新效率的影响为正，系数为 21.113，表明劳动力素质越高，越有利于高新技术产业技术创新效率的提升。而且，从劳动生产率的系数上来看，当劳动力素质每提高 1 单元，新产品销售收入增加 21.113 个单元，增长幅度较为显著，劳动力素质对产业技术创新效率的增强具有重要影响，是该领域发展的核心要素。

政府支持对高新技术创新效率的影响为正，系数为 3.102，表明政府支持力度增加将有利于高新技术产业技术创新效率的提升。在中国现有体制国情下，政府必将是影响高新技术产业技术创新过程的重要一员，政府部门应当加大对高新技术产业的政策、资金支持，充分发挥政府引导创新资源的合理流动的作用。当然，同样需要体制制度的完善，避免出现由于政府部门原因造成的创新资金分配存在垄断的情形。相比劳动力素质，政府支持力度对产业技术创新效率的正向影响偏弱，这可能与政府资金并不是科研资金投入的主要资金来源有关，政府资金占比较小，资金支持力度不够，反映出政府部门作为支持资金的分配方，可能存在监管漏洞下创新资源浪费的现象。

第四节 基于 DEA-Malmquist 的高新技术产业技术创新效率动态变化分析

高新技术产业作为知识密集型、技术密集型产业,对国家的经济发展、经济转型和产业结构优化有着至关重要的作用,也影响到一个国家在世界经济格局中的地位。从全要素生产率理论的视角出发,剖析技术创新效率,从另一个角度探讨引起技术创新效率变化的原因,有利于高新技术产业创新建设的多样化、全面化探索。需要提出的是,在高新技术产业技术创新效率的评价中,全要素生产率(TFP)的经济含义在于它的指数大小由创新投入与创新产出所决定。

一、模型构建

1. 评价方法

对于数据包络分析方法在上一章节中已有介绍,在此不再赘述。本节主要介绍与其配合使用的 Malmquist 指数。

Malmquist 指数最初是由瑞典统计学家 Sten Malmquist 于 1953 年提出的,1982 年 Caves 等将该指数应用于生产效率的测算中,并引起了巨大的反响,但之后便没有更多的发展。1994 年,Rolf Fare 等结合 DEA 分析方法,就该理论进行了实证研究方面的拓展,将该指数从理论指数变成了实证指数,具体公式如下:

$$M_0(X_{t+1}, Y_{t+1}, X_t, Y_t) = \left[\frac{D_0^t(X_{t+1}, Y_{t+1})}{D_0^t(X_t, Y_t)} \times \frac{D_0^{t+1}(X_{t+1}, Y_{t+1})}{D_0^{t+1}(X_t, Y_t)} \right]^{1/2} \quad (4\text{-}12)$$

式中,(X_{t+1}, Y_{t+1}) 和 (X_t, Y_t) 分别为 $t+1$ 时期和 t 时期的投入产出向量,$D_0^t(X_{t+1}, Y_{t+1})$ 为以 t 时期的生产可能性边界为标准的 $t+1$ 时期的距离函数,$D_0^{t+1}(X_t, Y_t)$ 为以 $t+1$ 时期的生产可能性边界为标准的 t 时期的距离函数。

在此基础上,Fare 又进行了进一步研究,在规模报酬不变的前提下,将以上指数进行分解,得到技术变化指数(TEC)和技术进步指数(TC):

$$M_0(X_{t+1}, Y_{t+1}, X_t, Y_t) = \frac{D_0^{t+1}(X_{t+1}, Y_{t+1})}{D_0^t(X_t, Y_t)} \times \left[\frac{D_0^t(X_{t+1}, Y_{t+1})}{D_0^{t+1}(X_{t+1}, Y_{t+1})} \times \frac{D_0^t(X_t, Y_t)}{D_0^{t+1}(X_t, Y_t)} \right]^{1/2} = \text{TEC} \times \text{TC} \quad (4\text{-}13)$$

式中，TEC表示由于制度的优化引起的效率提高，TC表示技术的创新改革带来的效率提高。

而当规模报酬可变时，技术变化指数（TEC）还可以分解为纯技术效率指数（PTC）和规模效率指数（SEC）：

$$\frac{D_0^{t+1}(X_{t+1},Y_{t+1})}{D_0^t(X_t,Y_t)} = \frac{D_0^{t+1}(X_{t+1},Y_{t+1}/v)}{D_0^t(X_t,Y_t/v)} \times \frac{S_0^{t+1}(X_{t+1},Y_{t+1})}{S_0^t(X_t,Y_t)} \quad (4-14)$$

综上，

$$\text{TFP} = M_0(X_{t-1},Y_{t-1},X_t,Y_t) = \text{TEC} \times \text{TC} = \text{PTC} \times \text{SEC} \times \text{TC}$$

5. 评价指标体系构建

1）构建原则

第一，系统性原则。评价指标体系应尽可能全面、完整地反映高新技术产业技术创新的具体运行机制和特点，包括产业自身内部与外部两个方面。

第二，科学性原则。在构建指标体系的过程中，应以先进、科学的理论作为指导，客观真实地反映高新技术产业技术创新的机理。同时，注意各指标间的相对独立性，避免信息的重叠。

第三，可比性原则。评价不单是为了得出一个效率值，更重要的是比较，包括横向与纵向的比较。横向比较，是指同一时期不同主体间的比较。这要求指标的定义尽量采用国际、国内标准或被社会公认的概念，评价的内容也应尽可能剔除环境等不确定因素的干扰。纵向比较，是指同一主体在时间跨度上的比较。这要求指标的统计口径一致，常见的采用当量指标和指标的无量纲化处理等。

第四，实用性原则。实用性原则要求指标体系的操作性强，包括体系的精简，数据的可获得、可计算等。一般尽可能地选择统计年鉴等公开数据中的指标，同时计算方法应尽可能的简便、逻辑明确。

2）指标体系构建

在现有的研究中，技术创新效率评价指标体系的构建往往从投入与产出两个角度进行。鉴于该构建思路能充分反映产业的技术创新过程，即相关创新资源的投入与产出的整合过程，本书也选用该思路进行指标体系的构建。其中，投入角度包括人力投入与资金投入；产出角度包括直接产出与间接产出。具体如表4-6所示。

表 4-6 高新技术产业技术创新效率评价指标体系

维　度	指　标	指标名称
投入-人力投入	R&D人员全时当量	投入1
投入-资金投入	R&D经费存量	投入2
	新产品开发经费存量	投入3
	技术进步经费存量	投入4
产出-直接产出	有效发明专利拥有量	产出1
产出-间接产出	新产品销售收入	产出2

(1)人力投入。拥有专业知识与技能的人力资源是产业技术创新的关键因素,因此,相关人员的投入是评价产业技术创新效率的重要指标。本书选用R&D人员全时当量作为人力投入的指标。

(2)资金投入。资金是产业进行技术创新的必要条件,资金的投入强度反映了一个地区对该产业的重视程度,因此,资金的投入也是衡量产业技术创新效率的重要指标之一。本书选取了R&D经费存量、新产品开发经费存量和技术进步经费存量3项指标作为资金投入的指标。

R&D经费存量,是指企业进行自主研发的资金投入,包括基础研究、应用研究和试验发展3个方面。之所以用"存量"来衡量,是因为考虑到当年的研发效率不仅受到当年的R&D经费支出,上一年的R&D经费支出对其也有所影响,新产品开发经费存量和技术进步经费存量也是出于这个原因考虑。以买卖交易、引进、吸收、研发、模仿、再利用、改造等环节为依托,技术进步费用涵盖多种形式与种类。

(3)直接产出。专利是各创新主体通过技术创新等方式所获取的实际经济效益,是其直接产出的一种重要表现形式。专利的申请量与授权量可由统计年鉴获得,其中,专利授权量比专利申请量更能体现产业技术创新的产出水平。本书选用有效发明专利拥有量作为直接产出指标,它是发明专利授权量中有效用于生产的部分。

(4)间接产出。技术创新的根本目的是通过研究成果,如专利的开发、生产、市场化后,最终形成经济效益,技术创新产出水平也应反映研究成果向经济效益转化的程度。本书选用新产品销售收入作为间接产出指标。

二、数据来源

本章的数据均来自于《高技术产业统计年鉴(2001—2015)》和"中国高技术

产业数据"网站,对于部分省份个别指标的缺失,采用对应省份年均值进行替代。此外,由于内蒙古、新疆、西藏和青海4个省(自治区)数据大面积残缺,故本书在进行区域比较时未考虑该4个省(自治区),即将长江中游城市群的发展状况与剩余23个省(自治区)市进行对比分析,数据处理方式与上一节相同。

三、实证分析

通过上述处理方法,得到所需数据,将数据代入DEAP2.1软件进行评价分析,具体选择在规模报酬不变的前提下的DEA-Malmquist处理方法。得到高新技术产业技术创新全要素生产率变动及其分解见表4-7至表4-11所示。

1. 高新技术产业技术创新TFP水平

如表4-4所示,从长江中游城市群的平均水平来看,高新技术产业技术创新的全要素生产率(TFP)处于不断波动之中,且上下波动幅度较大,TFP水平不够稳定,直到2010—2011年后才逐渐显现出较为平缓的持续上升趋势。结合前文对技术创新效率的探讨,不难看出,长江中游城市群高新技术产业的各项创新投入规模不断扩大,表现出较为显著的增长趋势,但其技术创新效率却未表现出相同水平的增长速度,这说明,高新技术产业技术创新效率的提高不能单纯地依靠投入的提高来实现,在扩大产业规模的同时,应积极提升管理效率和创新资源的合理配置以及充分利用;长江中游城市群高新技术产业创新效率与生产水平仍有待进一步增强。

进一步分析,湖北、湖南、江西、安徽四省的TFP变动存在着显著的差异。一方面,同一时期内不同地区产业技术创新的TFP表现出不同方向的变动,如2013/2014年,安徽、江西、湖北三省的TFP均表现出不同程度的增长,其中安徽省的上升幅度最大,达到56.7%;江西省上升幅度最小,仅为2.1%。与此相反,湖南省的TFP则呈现出下降趋势,由2012/2013年的1.719减少至1.21,下降率达到29.6%;而在2011/2012年,安徽、江西两省均表现出上升趋势,湖北、湖南两省则略有下降。另一方面,在整个研究时期内,湘、鄂、皖、赣四省高新技术产业技术创新的TFP变化幅度也存在着显著差异。湖北、安徽两省高新技术产业技术创新的TFP变动幅度相对较大,变动趋势更加明显,江西、湖南两省则较为平缓,波动幅度相对较小。整体来看,除个别年份外,长江中游城市群内四省的TFP水平虽各有差异,但还未形成较大差距;TFP值整体偏小,离发达地区仍有一段距离(图4-25)。

2. 高新技术产业技术创新TFP分解情况

为了进一步研究长江中游城市群各省高新技术产业技术创新的全要素生产率变动的原因,本书还将分析全要素生产率指数的分解指数,如表4-8与表4-9

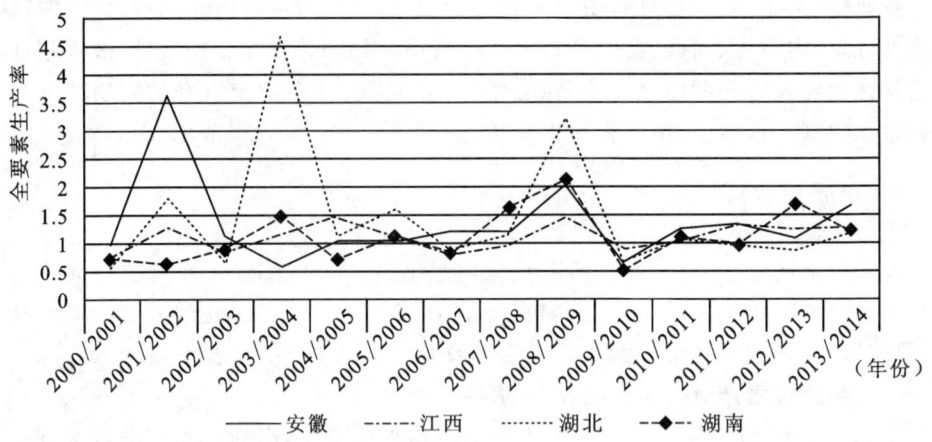

图 4-25 长江中游城市群全要素生产率变化趋势区域比较

所示。根据 Malmquist 指数理论,全要素生产率指数 TFP 分为技术进步指数,以及涵盖纯技术效率变动指数与规模效率变动指数两种形式的技术效率指数。具体数据见表 4-10 与表 4-11 所示。

整体上分析,从表 4-7 与表 4-8 来看,2000—2013 年长江中游城市群各省高新技术产业技术创新的技术效率和技术进步的变动方向并不十分稳定,而根据理论可知,TFP 的变动方向及幅度取决于以上两个指数的变动幅度。为了更清楚地分析,本书将 3 个指数的长江中游城市群平均值作折线图,如图 4-26 所示。显然,相比于技术进步指数,高新技术产业技术创新的 TFP 的提高更加依赖于技术效率的增长。

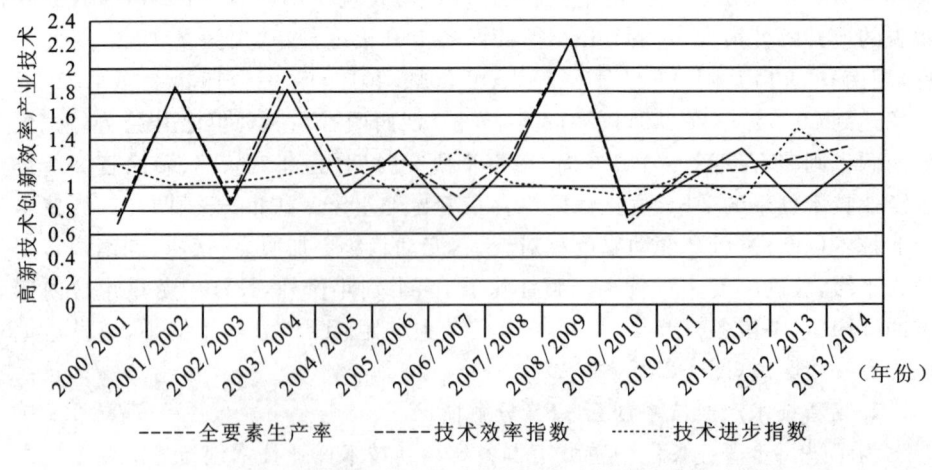

图 4-26 全要素生产率、技术进步指数与技术效率指数变动趋势图

为进一步探讨长江中游城市群内各地区高新技术产业创新发展的具体情况，对安徽、湖北、湖南、江西四省的 TFP 及其分解指数进行全面梳理，从而有效分析不同地区各变动指数的变化规律。

由表 4-8 至表 4-11 中数据得出，各地区高新技术产业技术创新技术效率变动指数、技术进步变动指数、纯技术效率变动指数和规模效率变动指数的变动情况如图 4-27 至图 4-30 所示。

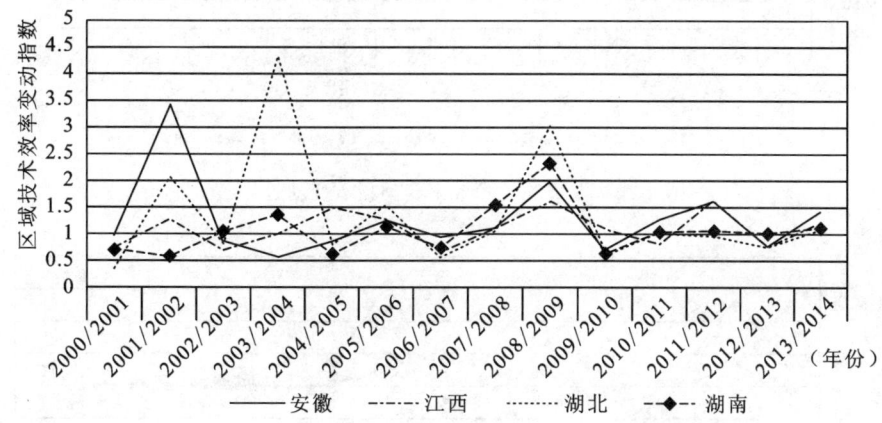

图 4-27　区域技术效率变动指数变化趋势图

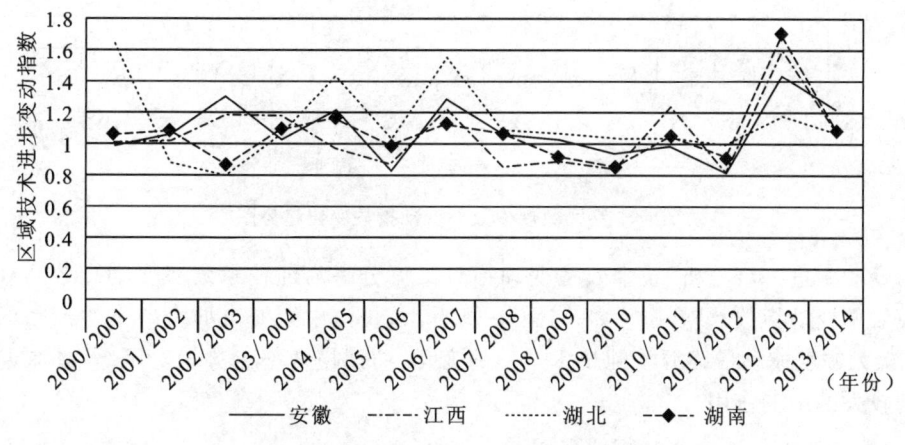

图 4-28　区域技术进步变动指数变化趋势图

根据 Malmquist 指数理论可知，全要素生产率可分解为技术效率变动指数和技术进步变动指数，而根据上文分析，长江中游城市群全要素生产率波动十分显著，其中 2001/2002 年、2003/2004 年、2008/2009 年这 3 个阶段变动尤为突出，而长江中游城市群全要素生产率的 3 次较大幅度的提升主要源于技术效率

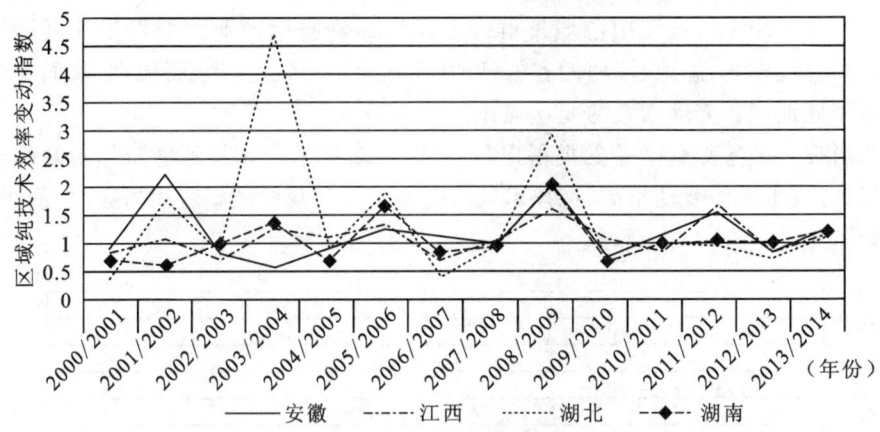

图 4-29 区域纯技术效率变动指数变动趋势图

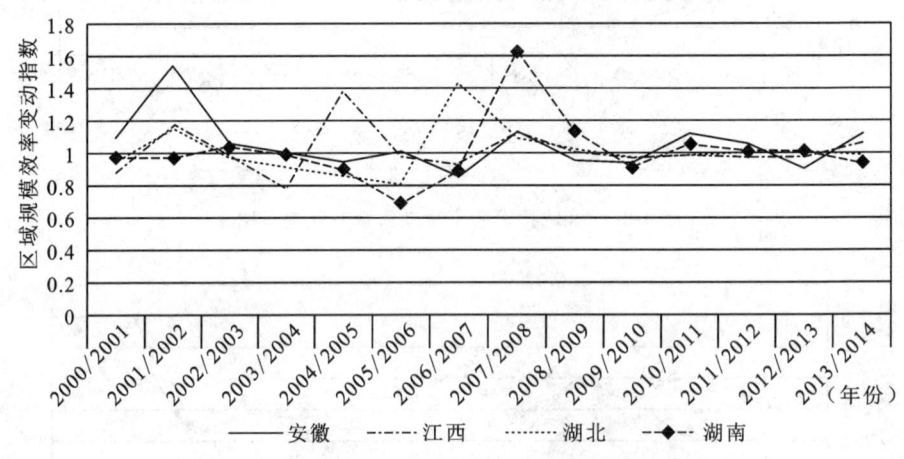

图 4-30 区域规模效率变动指数变化趋势图

的变动。进一步分析,技术效率变动指数又可分解为纯技术效率变动指数和规模效率变动指数,结合图 4-28 与图 4-29 看出,长江中游城市群全要素生产率的 3 次大幅度波动最终源于纯技术效率的变化,而规模效率走势相对平缓,并未起到较大的影响作用。

表 4-7 高新技术产业技术创新的全要素生产率变化指数(Malmquist 指数)

年份 地区	2000/ 2001	2001/ 2002	2002/ 2003	2003/ 2004	2004/ 2005	2005/ 2006	2006/ 2007	2007/ 2008	2008/ 2009	2009/ 2010	2010/ 2011	2011/ 2012	2012/ 2013	2013/ 2014
北京	1.174	0.632	0.652	2.035	0.631	1.130	3.569	0.977	0.849	0.937	0.861	1.129	0.995	1.444
天津	1.145	1.284	1.757	1.225	0.808	0.948	0.735	0.736	0.800	0.908	0.759	1.367	1.432	0.997

续表 4-7

年份 地区	2000/ 2001	2001/ 2002	2002/ 2003	2003/ 2004	2004/ 2005	2005/ 2006	2006/ 2007	2007/ 2008	2008/ 2009	2009/ 2010	2010/ 2011	2011/ 2012	2012/ 2013	2013/ 2014
河北	0.675	0.813	1.212	1.650	0.956	1.462	1.281	1.201	1.870	0.591	0.978	1.537	0.958	1.263
福建	0.938	1.073	1.739	0.906	1.069	0.860	0.829	0.841	0.776	0.907	1.031	0.957	0.965	1.113
广东	0.982	0.933	1.341	0.962	1.715	0.869	1.483	2.066	1.296	1.407	1.140	1.161	1.069	1.097
山东	0.969	0.852	0.773	1.570	0.893	1.032	1.292	0.901	1.041	0.935	1.002	1.030	0.853	1.318
上海	2.118	1.081	0.627	1.365	1.246	1.035	0.814	1.104	0.629	0.846	1.008	1.088	0.805	2.213
江苏	0.789	1.027	1.051	0.825	0.865	0.966	1.373	1.334	0.806	0.754	1.549	1.062	0.956	1.319
浙江	0.533	1.122	2.022	0.932	0.727	1.038	0.801	0.990	1.556	0.821	1.176	1.133	1.055	1.365
海南	1.179	1.537	1.516	1.873	1.111	0.890	2.315	0.371	1.082	0.346	1.717	1.136	1.900	1.506
东部	1.050	1.035	1.269	1.334	1.002	1.023	1.449	1.052	1.071	0.845	1.122	1.160	1.099	1.364
山西	1.477	1.009	1.389	1.140	0.790	1.337	2.062	0.751	0.827	0.887	0.689	1.107	0.613	2.169
安徽	0.984	3.645	1.145	0.589	1.029	1.038	1.218	1.214	2.033	0.660	1.245	1.333	1.082	1.695
江西	0.743	1.311	0.813	1.177	1.478	1.113	0.793	0.987	1.456	0.889	1.023	1.308	1.269	1.296
河南	0.376	1.701	1.350	0.755	0.921	1.097	1.087	0.978	1.555	0.639	0.867	1.016	6.152	1.047
湖北	0.591	1.823	0.641	4.662	1.138	1.602	0.856	1.153	3.241	0.653	1.056	0.969	0.872	1.187
湖南	0.727	0.634	0.888	1.486	0.709	1.124	0.835	1.630	2.142	0.525	1.100	0.956	1.719	1.210
中部	0.816	1.687	1.038	1.635	1.011	1.219	1.142	1.119	1.876	0.709	0.997	1.115	1.951	1.434
长江中游城市群	0.761	1.853	0.872	1.979	1.089	1.219	0.926	1.246	2.218	0.682	1.106	1.142	1.236	1.347
辽宁	0.883	1.138	0.804	0.762	0.782	0.967	1.221	1.419	0.882	0.626	1.113	0.902	1.197	1.320
吉林	0.665	1.284	1.923	1.577	0.682	2.844	1.207	0.909	1.156	0.389	1.572	1.239	0.944	1.284
黑龙江	0.708	0.900	1.142	0.335	2.553	0.411	1.148	0.872	1.171	0.944	1.639	1.321	0.699	1.593
东北部	0.752	1.107	1.290	0.891	1.339	1.407	1.192	1.067	1.070	0.653	1.441	1.154	0.947	1.399
广西	0.586	1.515	0.885	1.096	1.177	0.807	1.438	0.858	2.521	0.948	0.496	1.807	1.257	1.152
重庆	1.119	0.996	0.796	1.831	0.746	1.124	1.079	1.319	1.434	0.687	1.727	0.517	1.055	1.810
四川	0.745	0.251	2.634	1.069	0.785	1.150	1.072	0.760	1.250	0.279	1.720	2.419	1.103	1.878
贵州	0.753	0.987	1.245	2.312	0.716	1.120	0.970	1.423	1.299	0.601	2.183	0.645	1.482	1.327
云南	1.728	0.797	0.852	0.927	1.509	1.127	0.845	1.697	0.838	1.022	0.867	0.996	1.219	1.076
陕西	0.968	1.044	1.435	0.799	1.493	1.141	1.126	1.104	1.667	0.599	1.312	1.012	1.033	1.414
甘肃	0.270	1.080	0.896	3.467	0.422	4.048	0.575	1.150	0.995	1.385	0.931	1.214	0.892	1.912
宁夏	0.307	0.808	0.396	1.260	0.968	0.645	1.156	1.487	0.899	0.878	0.797	0.777	1.240	2.428
西部	0.810	0.935	1.142	1.595	0.977	1.395	1.033	1.225	1.363	0.800	1.254	1.173	1.160	1.625
全国	0.808	1.049	1.084	1.235	0.965	1.106	1.134	1.064	1.229	0.733	1.109	1.106	1.140	1.418

表 4-8　高新技术产业技术创新的技术效率变动指数

年份 地区	2000/ 2001	2001/ 2002	2002/ 2003	2003/ 2004	2004/ 2005	2005/ 2006	2006/ 2007	2007/ 2008	2008/ 2009	2009/ 2010	2010/ 2011	2011/ 2012	2012/ 2013	2013/ 2014
北京	1.00	1.00	0.71	1.41	0.57	1.14	1.55	1.00	1.00	1.00	1.00	1.00	1.00	1.00
天津	1.00	1.00	1.00	1.00	1.00	1.00	1.00	1.00	1.00	0.93	1.08	1.00	1.00	
河北	0.71	0.73	0.79	1.51	0.87	1.47	1.09	1.21	2.26	0.67	0.93	1.63	0.72	1.32
福建	1.00	1.00	1.00	1.00	1.00	1.00	0.93	1.08	0.91	0.94	0.83	1.26	0.50	0.98
广东	0.63	1.06	1.72	0.75	1.33	1.00	0.62	1.62	1.00	1.00	1.00	1.00	1.00	1.00
山东	1.09	0.73	0.58	1.52	1.04	1.10	1.08	1.17	1.04	1.07	1.04	1.31	0.47	1.12
上海	1.94	0.91	0.46	1.07	1.59	0.97	0.92	1.40	0.79	0.87	0.96	0.86	0.85	1.52
江苏	0.90	0.91	0.65	1.02	0.85	1.17	1.09	1.88	0.93	0.76	1.23	1.27	0.60	1.14
浙江	0.51	1.02	1.50	0.87	0.70	1.18	0.61	1.23	1.62	0.86	1.13	1.14	0.77	1.24
海南	0.78	2.04	1.01	1.00	1.00	1.00	1.00	0.86	1.16	0.38	1.75	0.91	1.67	1.00
东部	0.96	1.04	0.94	1.12	0.99	1.10	0.99	1.25	1.17	0.85	1.08	1.14	0.86	1.13
山西	1.70	0.91	1.27	1.17	0.72	1.67	1.26	1.00	1.00	1.00	0.73	1.25	0.43	1.95
安徽	0.99	3.43	0.88	0.57	0.85	1.25	0.94	1.14	1.98	0.70	1.26	1.62	0.76	1.40
江西	0.73	1.28	0.69	1.00	1.51	1.28	0.65	1.15	1.62	1.07	0.82	1.61	0.79	1.21
河南	0.35	1.57	0.99	0.81	0.93	1.11	0.98	1.00	1.84	1.00	0.86	1.15	2.66	1.00
湖北	0.36	2.05	0.80	4.36	0.79	1.54	0.55	1.06	3.04	0.63	1.02	0.97	0.74	1.10
湖南	0.68	0.58	1.03	1.35	0.61	1.14	0.74	1.53	2.33	0.61	1.04	1.05	1.01	1.12
中部	0.80	1.64	0.94	1.54	0.90	1.33	0.85	1.16	1.97	0.78	0.96	1.28	1.06	1.30
长江中游城市群	0.69	1.835	0.85	1.82	0.94	1.303	0.72	1.22	2.243	0.753	1.035	1.313	0.825	1.208
辽宁	0.90	1.11	0.49	0.90	0.81	1.07	1.02	2.09	1.13	0.57	1.34	0.89	1.00	1.00
吉林	0.49	1.53	1.34	1.76	0.45	2.79	0.88	1.28	1.49	0.42	1.59	1.44	0.73	1.04
黑龙江	0.72	0.86	0.69	0.32	2.26	0.43	1.05	0.91	1.52	0.87	1.45	1.04	0.65	1.29
东北部	0.70	1.17	0.84	0.99	1.17	1.43	0.98	1.42	1.38	0.62	1.46	1.12	0.79	1.11
广西	0.46	1.46	1.24	1.01	0.93	0.78	1.29	0.66	3.56	0.80	0.49	1.76	1.05	0.97
重庆	0.95	1.07	0.79	1.44	0.65	1.37	0.87	1.73	1.57	0.76	1.31	0.70	0.77	1.61
四川	0.86	0.23	1.79	1.24	0.75	1.41	0.98	0.99	1.37	0.28	1.64	2.23	0.87	1.54
贵州	0.73	0.92	1.15	2.37	0.50	1.06	0.81	1.41	1.87	0.53	2.20	0.47	1.30	0.97
云南	1.00	1.00	1.00	1.00	1.00	1.00	0.83	1.21	1.00	1.00	1.00	1.00	1.00	1.00
陕西	0.77	0.98	1.27	0.67	1.42	1.21	1.04	1.30	2.20	0.56	1.23	0.95	0.86	1.36
甘肃	0.31	0.99	0.58	3.77	0.36	4.53	0.45	1.23	1.49	1.35	0.86	1.21	0.70	1.63
宁夏	1.00	0.88	0.50	1.18	0.71	0.67	1.18	1.90	1.16	1.07	0.61	0.80	0.88	2.27
西部	0.76	0.94	1.04	1.59	0.79	1.50	0.93	1.30	1.78	0.79	1.17	1.14	0.93	1.42
全国	0.77	1.04	0.90	1.15	0.86	1.18	0.91	1.22	1.43	0.75	1.07	1.12	0.85	1.22

表 4-9　高新技术产业技术创新的技术进步变动指数

年份 地区	2000/ 2001	2001/ 2002	2002/ 2003	2003/ 2004	2004/ 2005	2005/ 2006	2006/ 2007	2007/ 2008	2008/ 2009	2009/ 2010	2010/ 2011	2011/ 2012	2012/ 2013	2013/ 2014
北京	1.174	0.632	0.922	1.439	1.117	0.990	2.299	0.977	0.849	0.937	0.861	1.129	0.995	1.444
天津	1.145	1.284	1.757	1.225	0.808	0.948	0.735	0.736	0.800	0.908	0.820	1.266	1.432	0.997
河北	0.946	1.113	1.527	1.093	1.100	0.992	1.173	0.990	0.826	0.879	1.050	0.945	1.338	0.958
福建	0.938	1.073	1.739	0.906	1.069	0.860	0.892	0.782	0.855	0.970	1.240	0.760	1.949	1.139
广东	1.557	0.881	0.779	1.280	1.289	0.869	2.405	1.274	1.296	1.407	1.140	1.161	1.069	1.097
山东	0.886	1.169	1.344	1.036	0.859	0.937	1.193	0.769	0.999	0.876	0.968	0.788	1.809	1.179
上海	1.091	1.185	1.356	1.280	0.781	1.064	0.882	0.790	0.800	0.972	1.048	1.272	0.944	1.453
江苏	0.873	1.131	1.624	0.808	1.014	0.829	1.265	0.708	0.871	0.996	1.263	0.834	1.583	1.160
浙江	1.037	1.096	1.351	1.070	1.042	0.883	1.319	0.802	0.962	0.961	1.041	0.995	1.363	1.098
海南	1.521	0.755	1.497	1.873	1.111	0.890	2.315	0.429	0.934	0.918	0.982	1.256	1.137	1.500
东部	1.117	1.032	1.390	1.201	1.019	0.926	1.448	0.826	0.919	0.982	1.041	1.041	1.362	1.203
山西	0.870	1.111	1.090	0.978	1.095	0.801	1.638	0.751	0.827	0.887	0.950	0.886	1.438	1.111
安徽	0.994	1.061	1.308	1.032	1.217	0.827	1.292	1.065	1.027	0.938	0.987	0.822	1.433	1.213
江西	1.011	1.022	1.186	1.181	0.978	0.870	1.225	0.862	0.896	0.834	1.244	0.811	1.607	1.069
河南	1.070	1.083	1.363	0.930	0.986	0.993	1.111	0.906	0.846	0.918	1.006	0.883	2.309	1.047
湖北	1.652	0.888	0.799	1.069	1.441	1.038	1.552	1.093	1.068	1.036	1.036	1.003	1.183	1.084
湖南	1.063	1.090	0.866	1.100	1.167	0.989	1.132	1.066	0.921	0.855	1.057	0.909	1.706	1.080
中部	1.110	1.043	1.102	1.048	1.147	0.920	1.325	0.957	0.931	0.911	1.047	0.886	1.613	1.101
长江中游城市群	1.18	1.015	1.04	1.096	1.201	0.931	1.3	1.022	0.978	0.916	1.081	0.886	1.482	1.112
辽宁	0.981	1.030	1.649	0.846	0.972	0.903	1.192	0.680	0.778	1.090	0.829	1.014	1.199	1.327
吉林	1.360	0.838	1.437	0.897	1.524	1.018	1.378	0.709	0.775	0.931	0.986	0.860	1.301	1.241
黑龙江	0.981	1.043	1.657	1.066	1.132	0.954	1.095	0.962	0.771	1.091	1.133	1.272	1.074	1.235
东北部	1.107	0.970	1.581	0.936	1.209	0.958	1.222	0.784	0.775	1.037	0.983	1.049	1.191	1.268
广西	1.285	1.041	0.712	1.083	1.262	1.040	1.117	1.298	0.709	1.193	1.018	1.029	1.203	1.194
重庆	1.181	0.936	1.011	1.269	1.155	0.819	1.237	0.761	0.916	0.900	1.320	0.736	1.376	1.126
四川	0.870	1.095	1.470	0.861	1.041	0.819	1.090	0.766	0.914	1.009	1.048	1.087	1.266	1.220
贵州	1.030	1.068	1.081	0.975	1.443	1.061	1.201	1.012	0.693	1.132	0.992	1.370	1.138	1.369
云南	1.728	0.797	0.852	0.927	1.509	1.127	1.022	1.402	0.838	1.022	0.867	0.996	1.219	1.076
陕西	1.261	1.064	1.128	1.190	1.051	0.944	1.078	0.847	0.756	1.071	1.072	1.066	1.202	1.042
甘肃	0.867	1.088	1.553	0.920	1.180	0.894	1.266	0.935	0.670	1.024	1.082	1.002	1.271	1.170
宁夏	0.307	0.923	0.789	1.068	1.367	0.970	0.982	0.785	0.778	0.820	1.310	0.970	1.415	1.068
西部	1.066	1.002	1.075	1.037	1.251	0.959	1.124	0.976	0.784	1.021	1.089	1.032	1.261	1.158
全国	1.055	1.007	1.209	1.071	1.121	0.934	1.247	0.871	0.857	0.977	1.042	0.990	1.340	1.166

表 4-10 高新技术产业技术创新的纯技术效率变动指数

年份\地区	2000/2001	2001/2002	2002/2003	2003/2004	2004/2005	2005/2006	2006/2007	2007/2008	2008/2009	2009/2010	2010/2011	2011/2012	2012/2013	2013/2014
北京	1.00	1.00	0.71	1.40	0.73	1.37	1.00	1.00	1.00	1.00	1.00	1.00	1.00	1.00
天津	1.00	1.00	1.00	1.00	1.00	1.00	1.00	1.00	1.00	0.94	1.06	1.00	1.00
河北	0.76	0.87	0.68	1.45	0.84	1.48	1.41	0.96	2.41	0.62	0.91	1.69	0.75	1.24
福建	1.00	1.00	1.00	1.00	1.00	1.00	1.00	1.00	0.95	1.06	0.84	1.07	0.51	1.00
广东	1.00	1.00	1.00	1.00	1.00	1.00	1.00	1.00	1.00	1.00	1.00	1.00	1.00	1.00
山东	0.72	1.55	0.26	1.53	1.30	0.98	1.06	1.07	1.05	1.11	1.14	1.14	0.47	1.12
上海	1.25	1.00	0.58	0.78	2.22	1.00	0.79	1.27	0.75	0.85	0.93	0.86	0.85	1.53
江苏	1.00	1.00	0.71	0.63	1.06	1.55	1.01	1.34	1.00	1.00	1.00	1.00	1.00	1.00
浙江	0.42	1.15	1.79	0.96	0.70	1.45	0.42	1.08	1.87	0.69	1.08	1.14	0.80	1.30
海南	1.00	1.00	1.00	1.00	1.00	1.00	1.00	1.00	1.00	1.00	1.00	1.00	1.00	1.00
东部	0.92	1.06	0.87	1.08	1.09	1.18	0.97	1.07	1.20	0.93	0.98	1.10	0.84	1.12
山西	1.14	0.95	0.90	1.44	0.93	1.10	1.00	1.00	1.00	1.00	1.00	1.00	1.00	1.00
安徽	0.90	2.22	0.82	0.56	0.89	1.24	1.11	1.00	2.06	0.75	1.13	1.53	0.83	1.25
江西	0.83	1.08	0.70	1.26	1.10	1.31	0.70	1.04	1.61	1.08	0.84	1.67	0.81	1.14
河南	0.36	1.61	0.91	0.94	0.81	1.10	1.19	1.06	1.59	0.78	0.74	1.19	2.55	1.00
湖北	0.38	1.77	0.83	4.75	0.92	1.91	0.39	0.96	2.94	0.65	1.02	0.96	0.73	1.10
湖南	0.70	0.60	0.99	1.36	0.68	1.65	0.83	0.94	2.05	0.67	0.99	1.04	0.95	1.19
中部	0.72	1.37	0.86	1.72	0.89	1.38	0.87	1.00	1.88	0.82	0.95	1.23	1.15	1.11
长江中游城市群	0.78	1.09	0.49	0.92	0.79	1.73	0.83	1.62	1.22	0.58	1.30	0.91	0.97	0.95
辽宁	0.78	1.09	0.49	0.92	0.79	1.73	0.83	1.62	1.22	0.58	1.30	0.91	0.97	0.95
吉林	0.69	1.09	1.35	1.91	0.42	5.47	0.91	0.63	1.73	0.43	1.38	1.43	0.69	1.04
黑龙江	0.72	0.87	0.70	0.32	2.26	0.42	1.43	0.69	1.50	0.93	1.39	1.17	0.62	1.19
东北部	0.73	1.02	0.85	1.05	1.15	2.54	1.06	0.98	1.48	0.64	1.35	1.17	0.76	1.06
广西	0.65	1.20	1.05	1.12	0.77	0.87	1.58	0.58	2.95	0.82	0.66	1.57	1.00	0.87
重庆	1.07	1.01	0.80	1.41	0.63	1.28	0.99	1.49	1.56	0.86	1.17	0.73	0.77	1.54
四川	0.86	0.24	1.74	1.51	0.64	1.64	0.96	0.92	1.30	0.27	1.69	2.16	0.95	1.42
贵州	0.73	0.87	1.11	3.03	0.42	1.68	1.04	0.92	1.45	0.56	1.82	0.55	1.18	0.93
云南	1.00	1.00	1.00	1.00	1.00	1.00	1.00	1.00	1.00	1.00	1.00	1.00	1.00	1.00
陕西	0.97	0.70	1.70	0.51	2.04	1.32	0.76	1.14	2.35	0.53	1.27	0.96	0.88	1.33
甘肃	0.52	1.27	0.74	1.68	0.91	1.41	0.65	1.25	2.22	1.04	0.79	1.49	1.15	1.04
宁夏	1.00	1.00	0.88	0.90	0.55	1.01	1.07	1.80	1.19	1.00	1.00	1.00	1.00	1.00
西部	0.85	0.91	1.13	1.40	0.87	1.27	1.01	1.14	1.75	0.76	1.17	1.18	0.99	1.14
全国	0.79	1.01	0.88	1.13	0.90	1.27	0.93	1.03	1.44	0.79	1.05	1.12	0.90	1.11

表 4-11 高新技术产业技术创新的规模效率变动指数

年份 地区	2000/ 2001	2001/ 2002	2002/ 2003	2003/ 2004	2004/ 2005	2005/ 2006	2006/ 2007	2007/ 2008	2008/ 2009	2009/ 2010	2010/ 2011	2011/ 2012	2012/ 2013	2013/ 2014
北京	1.00	1.00	0.99	1.01	0.77	0.84	1.55	1.00	1.00	1.00	1.00	1.00	1.00	1.00
天津	1.00	1.00	1.00	1.00	1.00	1.00	1.00	1.00	1.00	1.00	0.98	1.02	1.00	1.00
河北	0.94	0.84	1.17	1.04	1.03	1.00	0.78	1.27	0.94	1.08	1.02	0.96	0.95	1.06
福建	1.00	1.00	1.00	1.00	1.00	1.00	0.93	1.08	0.96	0.88	1.00	1.18	0.98	0.98
广东	0.63	1.06	1.72	0.75	1.33	1.00	0.62	1.62	1.00	1.00	1.00	1.00	1.00	1.00
山东	1.51	0.47	2.23	0.99	0.80	1.13	1.02	1.09	1.00	0.96	0.91	1.14	1.01	1.00
上海	1.55	0.91	0.80	1.37	0.72	0.97	1.17	1.10	1.05	1.03	1.03	1.00	1.00	0.99
江苏	0.90	0.91	0.91	1.61	0.80	0.75	1.07	1.41	0.93	0.76	1.23	1.27	0.60	1.14
浙江	1.22	0.89	0.84	0.91	0.99	0.81	1.44	1.15	0.86	1.24	1.05	1.00	0.96	0.96
海南	0.78	2.04	1.01	1.00	1.00	1.00	1.00	0.86	1.16	0.38	1.75	0.91	1.67	1.00
东部	1.05	1.01	1.17	1.07	0.95	0.95	1.06	1.16	0.99	0.93	1.10	1.05	1.02	1.01
山西	1.48	0.96	1.41	0.81	0.77	1.52	1.26	1.00	1.00	1.00	0.73	1.25	0.43	1.95
安徽	1.10	1.55	1.07	1.02	0.95	1.01	0.85	1.14	0.96	0.94	1.12	1.06	0.91	1.12
江西	0.89	1.18	0.99	0.79	1.38	0.98	0.93	1.11	1.01	0.98	0.99	0.97	0.98	1.07
河南	0.99	0.97	1.09	0.87	1.15	1.00	0.82	1.01	1.16	0.89	1.16	0.97	1.04	1.00
湖北	0.95	1.16	0.97	0.92	0.86	0.81	1.43	1.10	1.03	0.97	1.00	1.01	1.01	1.00
湖南	0.98	0.97	1.04	0.99	0.90	0.69	0.89	1.63	1.13	0.91	1.06	1.01	1.01	0.94
中部	1.07	1.13	1.09	0.90	1.00	1.00	1.03	1.16	1.05	0.95	1.01	1.04	0.90	1.18
长江中游城市群	0.71	1.40	0.99	0.92	1.07	0.51	0.96	2.02	0.86	0.97	1.16	1.01	1.05	1.00
辽宁	1.15	1.01	1.00	0.98	1.02	0.62	1.24	1.29	0.93	1.00	1.03	0.98	1.03	1.05
吉林	0.71	1.40	0.99	0.92	1.07	0.51	0.96	2.02	0.86	0.97	1.16	1.01	1.05	1.00
黑龙江	1.00	0.99	0.99	0.99	1.00	1.03	0.73	1.32	1.01	0.93	1.04	0.89	1.05	1.09
东北部	0.96	1.13	0.99	0.96	1.03	0.72	0.98	1.54	0.94	0.97	1.08	0.96	1.04	1.04
广西	0.70	1.22	1.19	0.90	1.21	0.89	0.82	1.13	1.21	0.97	0.74	1.12	1.05	1.11
重庆	0.88	1.05	0.99	1.02	1.00	1.07	0.88	1.17	1.00	0.89	1.12	0.96	0.99	1.04
四川	1.00	0.97	1.03	0.82	1.19	1.00	0.86	1.03	1.08	1.05	1.01	0.97	1.03	0.91	1.08
贵州	1.00	1.06	1.04	0.78	1.18	0.63	0.78	1.53	1.29	0.95	1.21	0.85	1.10	1.04
云南	1.00	1.00	1.00	1.00	1.00	1.00	0.83	1.21	1.00	1.00	1.00	1.00	1.00	1.00
陕西	0.79	1.41	0.75	1.32	0.70	0.92	1.38	1.15	0.94	1.06	0.97	0.99	0.98	1.02
甘肃	0.60	0.78	0.78	2.24	0.39	3.22	0.70	0.98	0.67	1.30	1.09	0.81	0.61	1.58
宁夏	1.00	0.88	0.57	1.31	1.29	0.66	1.10	1.06	0.97	1.07	0.61	0.80	0.88	2.27
西部	0.87	1.05	0.92	1.17	1.00	1.16	0.94	1.16	1.02	1.03	0.96	0.94	0.94	1.27
全国	0.97	1.03	1.02	1.02	0.96	0.93	0.98	1.18	1.00	0.95	1.02	1.00	0.95	1.10

为了更清楚地了解 2000—2014 年长江中游城市群高新技术产业技术创新效率的具体情况，本书列出了安徽、湖北、湖南、江西四省在 2000—2014 年的平均 Malmquist 指数及其分解，如表 4-12 所示。

表 4-12　高新技术产业技术创新的 Malmquist 生产率指数及其分解

地区	技术效率	技术进步	纯技术效率	规模效率	全要素生产率
安徽	1.134	1.073	1.084	1.046	1.217
江西	1.052	1.038	1.044	1.007	1.092
湖北	1.075	1.117	1.069	1.006	1.201
湖南	0.980	1.056	0.986	0.994	1.035
长江中游城市群	1.060	1.071	1.046	1.013	1.136
全国	1.015	1.055	1.010	1.005	1.071

从表 4-12 中数据可得，2000—2014 年长江中游城市群高新技术产业技术创新的全要素生产效率平均值为 1.136，其中，技术进步指数平均值为 1.071，技术效率指数平均值为 1.06。对技术效率指数进行分解，发现纯技术效率指数平均值达到 1.046，而规模效率指数平均值则为 1.013。从中可以了解到，近几年来，长江中游城市群高新技术产业技术创新效率的提高主要源于管理效率的提高和技术方法的创新，但其规模并没有处在一个十分有效的状态。此外，与全国均值相比，长江中游城市群经过多年的发展，高新技术产业发展与技术创新建设取得了一定成效，全要素生产率及其各分解指数已全面赶超全国平均水平。

从分区域的具体情况来看，2000—2014 年，安徽省全要素生产率均值最高，为 1.217，主要依靠技术效率的提升。与之相反，湖北省全要素生产率均值为 1.201，在四省中排名第二，其 TFP 的增长与技术进步指数息息相关。江西省紧随其后，全要素生产率排名第三，技术效率、技术进步、纯技术效率以及规模效率 4 个指数均值较为接近，发展较为平均。湖南省 TFP 均值最低，仅为 1.035，技术效率指数水平与其他三省存在一定差距。

第五节　长江中游城市群高新技术产业创新效率的提升路径

一、引导资源流动

根据上述研究结果发现，由于各地区要素禀赋、产业布局及结构等方面的差异，长江中游城市群内各区域高新技术产业技术创新效率差异显著。基于此，各地区应根据自身效率低下的原因制订不同的方案：纯技术效率低下的地区主要是管理水平方面的缺失造成技术创新的效率较低，这一部分地区应加强管理理念的改善，学习国外先进的管理理念，推动制度变革，建立适应本地实际情况的制度体系；规模效率低下的地区的首要任务则是加大产业规模，从而实现高新技术产业技术创新的规模效益。此外，应鼓励地区之间的资源流动，实现创新资源的互补，缩小地区间的差距，提升长江中游城市群整体的技术创新效率与产业竞争力。

同时，宏观上，政府应进一步推进地区间高新技术产业技术资本、人力资本及政策资本等方面的沟通与协作，缩小湘、鄂、皖、赣四省之间的差距，保证长江中游城市群内各地区高新技术产业技术创新效率的同步提升。江西省主要通过加强经济体制的市场化改革，转变政府职能，制定并实施更多科学合理、符合实际的资金扶持政策、税收优惠政策以及知识产权保护办法等，同时，完善金融市场体制，改善自身落后的投资局面；而湖北、安徽、湖南三省高新技术产业发展水平相对较好，一方面应紧随国际发展步伐，转变产业发展模式；另一方面要有针对性地、有选择地将先进产业输入江西省，最终实现区域均衡提升。

二、调整人才政策

通过前文分析可知，劳动力素质对高新技术产业技术创新效率的影响十分显著。当下，长江中游城市群的高新技术产业缺乏有效的人才激励机制，知识产权保护不到位，人才投资不够，主要表现为研发投资不够、教育机制不完善、人才流动不畅通等方面，严重阻碍了产业技术创新效率的提升。

加大教育投资力度，大力发展高等教育，逐渐完善终身教育体系，从而大范围提高劳动者的科学素养与技术水平，最终为高新技术产业提供不竭的动力。此外，针对目前普遍存在的人才外流现象，相关政府部门应出台一系列政策留住人才、用好人才。一方面，有针对性地培养人才，即对重点领域或人才紧缺领域，加大人才培养力度；另一方面，完善高新技术人才激励机制，吸引海外高新技术人才，鼓励在外留学人才回国工作，为长江中游城市群的产业发展提供支持。

三、准确定位政府职能

政府部门应持续加大支撑力度，积极转变自身职能，发挥其导向作用，促进创新资源的流动。

一方面，要加大对科技投入资金的有效管控，尤其是要增强对科研资金使用的全过程进行把控，消除浪费与滥用现象，这就要求政府结合科研活动特征建立和完善研发经费管理制度,实现科研经费的有效使用,使科技投资效益实现最大化。首先,强化管理,提高效益。建议经费管理制度以预算管理为重点,在进行科学的预算评估后,进行资金的投入,并在后续使用过程中全程管控。其次,在经费管理机制中采取"问责制度",在对经费进行使用全过程的管控过程中,一经发现问题,财政部门立即停止拨款,在项目完成后,聘请第三方对经费监管和使用进行评审,以此加强政府对科研资金的管控力度,使资金得到有效利用。

另一方面,推出更多的优惠、支持政策,以提高企业技术创新的积极性和主动性,从而推动技术创新效率的提升。在宏观层面上,政府应出台切实可行的政策,把握重点领域,通过宏观调控提供足够的支持与保障;在微观层面上,通过高新技术产业发展的战略规划,把握相关企业的发展方向,对企业给予信贷、税收、贸易和政策采购等优惠。具体的,在信贷方面,银行应适度放低对高新技术企业的贷款门槛,适当降低贷款成本,政府可以采用贴息的方式鼓励商业银行给予高新技术企业资金支持;税收方面,政府对高新技术企业实行税收减免政策,采用特别折旧制度加快其固定资产的折旧;贸易和政府采购方面,大力鼓励高新技术企业产品出口,实行出口退税或补贴政策,同时扩大政府采购力度。此外,政府应整合协调高校、研究院所与高新技术企业间的研发工作,鼓励各组织间的合作。

四、合理加大对外开放程度

对外开放程度的加深,为本土企业带来了先进的管理理念和技术,同时也培育了大批高素质综合性人才。即使对外开放在一定程度上形成了技术垄断等不利因素,但总体上,对外开放程度的加深有利于高新技术产业技术创新效率的提升。因此,要不断加强对外开放程度,加大外资企业的创新动力,引导外商直接投资的正确流向。对于汽车、机械制造等传统行业,应积极推动其核心技术的转移,加强外来技术的消化吸收与改进。同时,完善相关的知识产权保护法律体系,只有良好的知识产权保护环境才能吸引更多的跨国公司来长江中游城市群进行投资。

第五章 长江中游城市群高校技术转移绩效评价

进入知识经济时代,技术更新愈加频繁,技术类产品生命周期的缩短加速了新技术的研发和知识的流动。随着技术转移的快速发展与高校科研成果的进一步积累,高校逐渐成为科研成果的重要供给者,已渗透到该领域的各个环节,为推动技术向现实生产力转变、提高技术转移效率和社会经济效益做出了突出的贡献。因此,高校技术转移作为现代技术转移的重要组成部分,是深化创新体系建设改革的关键步骤,是连接技术供给与市场需求的核心纽带,也是实现高校服务社会新职能的首要环节。作为掌握大量核心前沿尖端技术和科研成果的组织机构,高校如何以其技术与科研人才优势为依托,有效参与技术转移各环节,对进一步更新传统生产工艺、提升科学技术水平、优化资源配置、推动我国工业化、科技化发展具有极其深远的实践价值与战略意义。

一方面,高校技术转移有利于长江中游城市群整体科研能力与技术水平的提高。首先,通过技术引进,企业学习到相关领域的先进技术,生产工艺得到合理改善,产品科技含量大大提升。同时,为有效增强消化吸收再利用能力,企业进一步加大科研投入,提高技术水平,从而推动引进技术与企业能力的紧密结合,并以引进技术为基础,通过再利用、再创造,积极研发新技术。其次,为更好地满足社会发展需要,实现技术供给与市场需求的完美对接,高校技术转移加快了高校科研人才队伍的建设,以高校丰富的科研资源为依托,充分发挥其人才优势,进一步增强科研团队的质量、素养,提高科学技术水平。最后,技术转移过程中,高校与企业人才的沟通,促进了技术的交流和合作,加速了技术的进步与提高。

另一方面,则有利于相关政策法规的落实。高校技术转移是技术等知识成果由高校向其他主体转移的市场性行为,能进一步明晰双方权利义务和利益分配,保障技术所有者的权益免受侵害,防止抄袭、盗用等现象产生,随着高校技术转移的深入推进,有利于相关政策法规的出台和落实,从而构建科学的奖惩机制和利益分配机制,为技术转移各环节的运行和利益纠纷的处理提供合法依据,有效推动技术等知识成果的产权保护。

第一节　高校技术转移的影响因素分析

随着知识经济时代的发展,技术密集型产业已成为新的国民经济重要增长点,作为国家综合实力与国际竞争能力的重要影响因素,技术进步已成为各国关注的焦点。高校拥有大量原创型创新科技成果,能有效满足企业的生产经营需求,通过积极参与各项技术转移活动,促进产学研用协同发展,对进一步优化产业结构、实现技术的产业化发展、增强社会经济综合效益具有显著的正面推动作用。高校技术转移的绩效受到高校、企业、政府、中介机构等多个主体,项目选择、评价、谈判、合同签订、人才培养等多个环节,内部与外部等多种因素的共同影响,通过相关领域的研究有助于掌握高校技术转移的各方面信息、提高高校技术转移速度与绩效。

一、高校因素

1. 科研能力

1)科研经费

高校资金实力的强弱对技术成果的研发以及技术转移的运行产生重要影响,其技术水平的高低与高校资金存量的大小、资金周转的快慢以及科研经费比重的多少等因素息息相关。随着科研经费投入的加大,高校能培养或吸纳更多优秀的科研人才,购买或制造先进的研发设备,为技术成果的研发打下坚实的基础,有效推动高校科研能力的提高。

2)科研人才

知识经济的兴起,拉开了知识竞争、人才竞争的序幕,丰富的人才资源是高校成为技术供给主体的重要依据,拥有了优质的科研人才队伍,就是拥有了研发高水平技术成果、参与高校技术转移的主动权与绝对竞争实力。如何培育高层次技术型人才,推进科研队伍建设,是高校发展技术成果转移进程中应关注的重点难题。

2. 科研成果

1)供需情况

随着技术转移市场化特征的进一步凸显,供需状况对高校技术转移的作用也更加明显。作为技术转移运行的重要引擎,企业需求的增加能给予市场新的竞争活力,吸引高校不断研发新成果,促进企业不断引进新技术,推动高校技术转移的高速发展。而当市场需求小于供给时,部分技术成果无法进行转移,高校研发积极性将受到打击,技术转移速率下降。

2)科技含量

科技含量的高低决定了技术成果的市场价值以及其对企业的吸引程度。一方面,科技含量越高,表明技术越先进,其市场竞争力也越强,是众多企业技术引进的重要选择对象。同时,科技含量高的技术成果能与其他成果有效区分开来,不容易被代替,表现出一定的垄断性特征,在技术被模仿超越前能创造大量的垄断收入。另一方面,通过后续研发能不断优化、更新的科研成果,以及通过集成能与其他技术组合形成新技术、新功能的科研成果,具有较好的发展潜力,生命周期有效延长,不易被市场淘汰,是追求可持续发展企业的有利选择。

3)应用价值

科研成果应用价值的高低是影响高校技术转移是否进行、如何进行、运行效果如何的决定性因素之一,主要包括3个方面的影响:一是技术的转化难度,难度越大,则技术转移的成本越高,甚至出现无法转化的不利局面,企业需求大大减少,技术转移发展遇到阻碍;二是技术与市场的适应性,面对变化迅速的市场需求与丰富的科研成果,如何实现二者之间的"一对一"有效配对、保证供需双方的一致性是决定高校技术转移绩效的关键一环,技术与市场的适应性越高,则科研成果对企业的吸引力越大,对高校技术转移的推动也就越强;三是技术的实际经济价值,经济价值越高,则说明该技术能为企业创造的利润越大,技术转移需求大大提升。

此外,以技术生命周期理论为依据进行划分,处于不同成长阶段的技术成果由于其基本特征与发展程度的不同,对高校技术转移的影响也有所差异。初始时期的技术仍处于摸索、尝试阶段,尚未真正成型,部分技术难点与功能的攻克仍处于试验阶段,不足以满足现行技术转移的市场要求且研发风险较大,该阶段技术在高校技术转移活动中的参与度较低。发展期的技术成果通过不断的调试已形成一定的技术积累,技术的功能性质进一步完善,稳定性大大提高,已达到技术转移的基本要求,风险相对较少。具备较强消化吸收再利用能力的高水平企业可考虑引进发展期技术并进行后续研发,且该阶段技术的交易成本相对较低。成熟阶段,技术成果已基本成型,各项机能均达到峰值。从高校的角度来看,一项完整的高水平新技术的诞生需要耗费大量的人力、物力,对高校的科研能力具有较高的要求,但其创造的经济利益也相对较高。从企业的角度来看,成熟阶段的技术成果可直接进行市场化生产并迅速获得实际效益,无需企业的进一步加工,是企业进行技术转移的首要选择。对于衰退期的技术而言,由于新技术的产生,该阶段的技术成果已难以满足当前的市场发展趋势,对企业的吸引力较弱,但在技术发展落后的地区仍有一定的市场价值,转移重心逐渐由发达地区向发展中地区移动。

二、企业因素

1. 企业发展理念与策略

企业发展的理念与策略是影响高校技术转移进展的重要因素之一，根据其发展战略、管理目标与经营理念的不同，企业对科研成果的技术特点、技术含量、转移模式、操作难易度等方面的要求也不尽相同。注重长期发展的企业，其引进的技术往往具备一定的"可更新性"，即技术引进后，企业可根据其自身发展情况和市场需求的变动不断优化、改造引进技术，使其适应企业不同阶段的长期发展要求，延长技术生命周期，实现技术的可持续发展。该种模式对引进成果的技术水平具有较高的要求，转移形式也更加复杂多样。与之相对，追求短期经济效益增长的企业，对引进成果的技术水平要求较低，更加关注技术的快速吸收与快速应用，强调引进技术产业化发展的速度快、难度小、耗时少，能推动企业在一定时期内实现快速发展。

2. 消化吸收再利用能力

企业对引进技术要求的严格与否取决于其消化吸收再利用能力的高低，消化吸收能力越强，引进技术的可选择范围越广，可选择的技术难度也越大。因此，在进行技术转移前，企业应充分了解自身的消化吸收水平，掌握高校技术成果的相关信息，根据二者间的水平差距，选择适宜的引进对象，以免陷入引进技术后无法吸收的被动局面，从而实现引进技术与吸收能力衔接的有效契合。

3. 企业综合实力

企业对技术引进的选择、运作和绩效离不开其自身综合实力的影响，包括资本的储备、资金链的运转、人员的职业素养、生产场地的环境、生产设备的质量、管理能力、经营销售水平、企业的行业地位与市场水平等多个因素的共同作用。拥有较强综合实力的企业，为满足其生产经营的需要，对其引进的技术具有严格的要求，所转移成果的技术水平更高，引进频率更快，合同金额更大，技术转移模式也更加多变。

三、中介因素

1. 中介机构建设情况

中介机构是高校技术转移过程中各项中介服务的主要提供者，其工作范围涵盖法律咨询、交易谈判、合同签订、技术咨询、技术转化等多个方面，连接高校、企业、政府等多个主体，贯穿高校技术转移的各个环节。中介机构的建设情况由场地设备等硬件设施以及组织结构、经营模式、管理方法、人才、资金等软件设施共同决定,是发挥其中介服务职能、提高技术转移效率的重要影响因素。建设良好的中介机构能为高校、企业提供专业的中介服务,使其专注于技术的研发、生产、经营等环节,中介、企业、高校依据其特有的优势合理分工,转化链、产业链、知识链各司其职,协同发展,技术转移效率大大提升。同时,中介机构的诚信程度也是影响高校技术转移的一大因素。若中介诚信度较低,则技术信息、顾客信息泄露的风险将加大,不利于市场规则的设立与维护,高校技术转移的长期可持续发展将受到阻碍。此外,根据中介机构性质、权利义务以及经营模式的不同,可分为技术转移中心、科技服务公司等多种类型,对高校技术转移的影响与作用也各不相同。

2. 中介服务人才队伍

精良的中介服务人才队伍是中介机构发展的基础,由于技术中介工作包含科技、法律、经济等多个领域,对中介人才的质量与数量具有较高的要求。进一步拓宽人才培养渠道,加强专业培训与人才考核力度,培养高水平复合型技术经纪人才,推动中介服务人才队伍发展是深化中介服务机构建设、增加技术转移效益、加速高校技术转移发展进程的关键因素与主要环节。

四、政府及外部环境因素

作为高校技术转移的引导者与协调者,政府通过制定相关法律法规、出台相关政策制度等一系列行政手段,在构建市场目标、把控市场方向、调节市场机制、完善市场体系、规范市场行为、维护市场环境、管理市场主体等方面起到了重要的服务与导向作用,助推高校技术转移突破性发展。

1. 法律法规

法律法规的制定是规范技术转移各主体行为、维护技术转移各主体利益的重要保障,政府应根据现行法律基础与市场发展趋势,构建全面、系统的法律规范体系框架,结合高校技术转移不同环节的主要特征与阶段性需求,从合同双方权利义务、利益分配、知识产权保护、风险承担、纠纷处理等方面着手,制定相应的法律法规,保障技术转移供需双方的合法权益。

2. 政策制度

相关政策制度的制定与出台是实现政府引导性职能的重要手段,也是推进高校技术转移建设的重要基础。完善的政策制度能有效促进高校技术转移发展,正确引导社会资源的积极参与,维持技术转移市场秩序,营造良好的外部发展环境,在资本运作、人才培养、机构建设等方面提供政策支持,推动高校技术转移的健康、稳定发展。

1）时效性

与日益加快的技术更新速率相比，现行政策制度的时效性较差，难以满足日新月异的市场需求变化，政策的引导性职能无法得到充分发挥。经过多年的积累，我国高校技术转移迎来高速发展期，新型技术转移模式、技术转移客体、技术转移组织机构不断涌现，政府等有关部门应准确把握市场方向，根据市场需求与社会经济整体大环境的变化，及时调整和制定符合市场动态发展趋势的政策制度。

2）有效性

政策制度的有效性主要体现在3个方面：一是出台的相关政策制度应具有一定的可操作性，便于政府有关部门的实施与落实；二是政策制度的制定应具备相应的针对性与全局观，政策制定者应站在一定的战略高度，着眼于高校技术转移的各个环节，根据不同地区、不同领域、不同主体、不同研究方向的特点，对高校技术转移市场进行有效划分，分别制定适宜的政策制度以满足其不同的需求；三是要有较好的收益性，随着政策制度的执行，能真正转变为实际的社会经济效益，实现政策目标，发挥预期作用，提高高校技术转移效率，加快高校技术转移发展进程。

3）政策落实情况

政府对高校技术转移的重视程度是推动各项政策制度落实的基本前提，只有当政府有关部门充分认识到高校技术转移在贯彻"科教兴国"战略方针、推动社会经济跨越式发展等方面发挥的核心作用，才能真正化思想为行动，积极投身高校技术转移引导行为，制定相关政策制度。此外，政府监管、执行力度的加强能有效推动相关政策制度的落实，促进高校技术转移健康、有序发展。

3. 社会经济发展情况

从高校的角度来说，由于受到所在区域地理环境、经济发展进程、地方发展特色等条件的影响与限制，其技术成果的适用方向、技术特点、功能性质等因素无法避免地向经济发展的主导产业、支柱产业、特色产业以及政府扶持的重点产业等行业的要求靠拢，影响高校技术转移的供给情况。从企业的角度来说，该区域社会经济发展的现状与特点是企业经营管理的重要背景与依据，影响企业对技术转移方向、技术转移数量、技术转移形式、技术成果性质等内容的决策与执行。

4. 信息因素

一方面，供需双方信息的不对称导致了信息劣势方在交易过程中的被动局面，同时信息的不透明也不利于技术转移的长远发展。此外，不同主体或同一主体的不同部门间的信息传递是否及时、畅通、完整也是影响高校技术转移绩效的重要因素。另一方面，获取信息后，各主体如何对繁琐的信息进行有效的辨别与筛选，迅速获得信息的价值，从而通过数据统计与分析进行合理决策，是增强主体实际经济效益、推动高校技术转移发展优化的关键环节。

第二节　长江中游城市群高校技术转移的现实基础

以武汉大学、华中科技大学、中南大学、中国科学技术大学等重点高校为依托,随着《关于加强高等学校科技成果转移转化工作的若干意见》等文件的出台,以及省市各级政府部门的统筹共建,长江中游城市群高校技术转移发展取得了重大突破。人才、经费等科研投入不断增强,科研产出规模进一步扩大,高校技术转移效率显著提升,但地区间发展失衡现象仍有待解决。

一、整体情况

1. 科研能力显著提升

以武汉、长沙、合肥等核心城市丰富的高校资源与强大的技术优势为依托,长江中游城市群科研能力的提升与高校技术转移的发展得到了强有力的支持。根据《高等学校科技统计资料汇编》的有关数据,2014年长江中游城市群共有高等院校219所,优质的高校资源为高水平、综合型人才的培养提供了重要的孵化平台;随着高校人才规模的进一步拓展,科研队伍建设实现突破性发展,2014年长江中游城市群共有142 276名教学与科研人员以及6639名R&D成果应用和科技服务人员,人才优势得到了充分发挥;共建成研究与发展机构1004所,研究项目达到61 012项,为高校技术转移的顺利开展提供了良好的科研环境与技术保障;政府、高校等有关部门对技术转移建设的认识不断深化,通过高校自筹、政府拨款、社会捐赠等形式,高校科技经费逐年上涨,由2010年的986 831.9万元增加到2014年的1 606 494.6万元,年均增长率约为11.6%,增长势头猛烈,为科技成果的研发提供了坚实的资金支持(图5-1)。

从科研产出情况来看,2014年长江中游城市群共出版科技著作1983部,发表学术论文达到128 128篇,国家级项目验收实现1045项;专利申请量共14 621项,约为2010年的3倍,增长形势喜人;专利授权量由2010年的2404项上升至2014年的8409项,年均增长30.8%左右;随着科研投入的加大与科研环境的优化,湖北高校科研成果产出情况也不断改善,科研能力显著提升(图5-2)。

2. 技术转移效率有待增强

2014年,长江中游城市群共有专利出售合同276项,比上年减少131项,下降趋势明显,但每项合同的平均金额大大增加,由2010年的19.2万元上升至2014年的41.3万元,专利的科技含量与经济价值显著提升,如何在提高技术成果质量的同时,维持乃至进一步扩大现有的市场容量,推动质量与数量的共同发展,是现阶段长江中游城市群高校技术转移有待解决的重点难题(表5-1)。

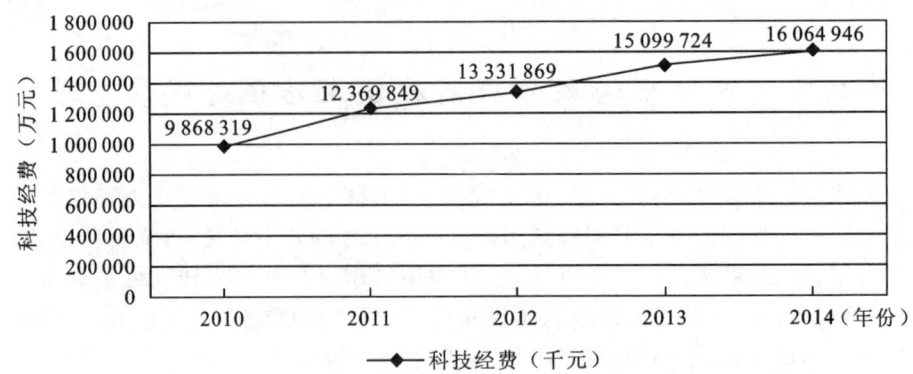

图 5-1　2010—2014 年长江中游城市群高校科技经费比较

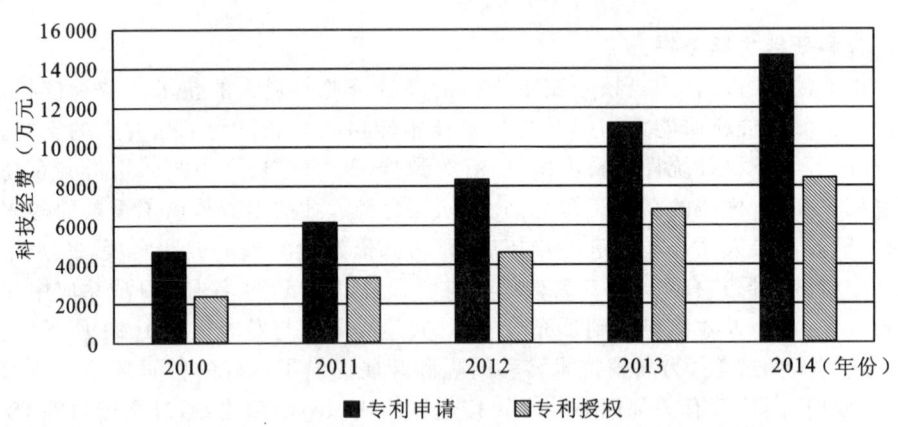

图 5-2　2010—2014 年长江中游城市群专利申请与授权情况对比

表 5-1　2010—2014 年长江中游城市群高校技术转移情况

年份	专利出售合同数(项)	专利出售合同金额(千元)	平均每项专利出售合同金额(千元)	技术转让合同数(项)	技术转让合同金额(千元)	平均每项技术转让合同金额(千元)
2010	252	48 339	192	1552	341 656	220
2011	249	49 394	198	1717	350 516	204
2012	304	39 928	131	1718	307 974	179
2013	407	95 759	235	2263	631 254	279
2014	276	113 884	413	2221	627 579	283

在技术转让方面，无论是合同数量还是合同金额均存在较为明显的波动，技术转移缺乏稳定性。2014 年长江中游城市群专利出售合同总金额达 11 388.4

万元,其中,江西省仅为93万元,不到长江中游城市群总额的1%,与安徽、湖北、湖南三省差距明显。而在技术转让方面,2014年长江中游城市群技术转让合同金额达62 757.9万元,其中,江西省为2304万元,占全部金额的3.7%;湖北省为9077.3万元,占全部金额的14.5%;湖南省为11 408.5万元,占全部金额的18.1%;安徽省占比最重,为39 968.1万元,占全部金额的63.7%,地区发展不均衡。与其科研投入规模相比,长江中游城市群的科研成果效益未达到预期,技术转移效率较低,相关政策制度未落到实

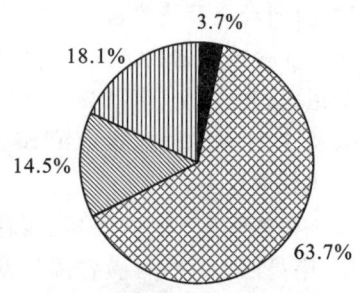

图 5-3 长江中游城市群技术转让合同金额分布情况

处,高校研究方向与成果不符合市场需求,大量科研成果闲置,科教优势未得到有效利用,高校技术转移效率有待进一步加强(图 5-3)。

二、地区对比情况

由于中部地区经济、教育、科技发展水平有限,且重点高校与技术资源多集中于省会城市,长江中游城市群部分城市高校技术转移发展较为落后,未被相关统计部门纳入统计体系,其数据难以有效获得,或样本数据数值过小可忽略不计,缺乏研究价值,因此,该类城市样本予以剔除,仅选取上述区域内高校技术转移发展较为领先的南昌、景德镇、抚州、武汉、黄石、黄冈、宜昌、长沙、湘潭、岳阳、益阳、常德、衡阳、合肥、淮南、芜湖、滁州、安庆、蚌埠共19个城市为主要研究对象,进一步探讨长江中游城市群内部高校技术转移的地区分布与对比情况。

1. 科研投入与科研环境

在人才建设方面,武汉、长沙、合肥、南昌作为省会城市,人才资源较为丰富,教学与科研人员数量分别为38 462人、23 438人、15 407人以及11 543人,领先其他城市较大距离;抚州、宜昌、湘潭、岳阳、衡阳、淮南、芜湖以及蚌埠紧随其后,科研人才规模均达到千人水平;相比之下,景德镇、黄石、黄冈、益阳、常德、滁州、安庆等城市教学与科研人员数量较少,人才规模有待增强(表 5-2)。

在科研经费方面,武汉、合肥、长沙分列前三位,是长江中游城市群高校科研的重要支柱,科技经费投入均达到10亿元以上,分别占19个城市经费总投入的41.7%、22.5%、17.9%;南昌市科技经费为103 675万元,占总金额的6.6%,资金投入规模仍有较大提升空间;滁州市人才建设水平较低,但经费投入情况略有改善,各要素资源的配置与利用有待优化;景德镇、黄石、黄冈、岳阳、常德等地区排名靠后,五市的科技经费总额仅17 533.9万元,占总投入的1%,资金实力不

足,科研环境有待改善。

在科技课题数量方面,武汉排名首位,共有23 870项,与其他地区具有较大差距;长沙、合肥、南昌分列第二至四位,科技课题数量分别为11 691项、9176项以及6521项;抚州、景德镇、黄石、岳阳、益阳、常德、安庆等地区处于末位,科技课题数量较少。

整体而言,人才、经费、课题等指标的地区分布情况较为一致,武汉、长沙、合肥、南昌四市高校科教资源与发展情况良好,在长江中游城市群高校技术转移中占据绝对主导地位;宜昌、湘潭、衡阳、淮南、芜湖等市发展较为平均,科研投入与环境处于中间梯队,应加快追赶上游核心城市;抚州及蚌埠地区人才、资金指标情况较好,但科技课题数量不足,滁州经费投入规模较大,人才建设有待提升,岳阳则在经费投入与课题研究领域亟待增强;景德镇、黄石、黄冈、益阳、常德、安庆发展较为落后,3个指标均处于下游水平,高校技术转移的重视与投入有待增强。

表5-2 2014年长江中游城市群高校技术转移科研投入与环境的地区分布情况表

地区	教学与科研人员(人)	科技经费(千元)	科技课题数量(项)
南昌	11 543	1 036 750	6521
景德镇	672	40 903	438
抚州	1171	155 848	363
武汉	38 462	6 589 993	23 870
黄石	936	46 020	338
黄冈	546	34 854	2347
宜昌	2503	143 758	1651
长沙	23 438	2 842 110	11 691
湘潭	3867	341 600	2518
岳阳	1046	29 958	128
益阳	777	53 225	475
常德	652	23 604	150
衡阳	4184	156 346	1059
合肥	15 407	3 561 127	9176
淮南	1741	170 091	1035
芜湖	4056	212 472	1135
滁州	893	135 065	751
安庆	432	67 007	270
蚌埠	3064	159 675	840

2. 科研产出与成果转化

在科研产出方面，武汉、长沙、合肥、南昌四市仍然保持较大的领先优势，共有专著365部，占全部专著数量的75.1%，共发表论文88 331篇，占论文总量的80.9%，是长江中游城市群高校科研发展的重要支柱；其余城市中，宜昌、湘潭、芜湖等地区科研产出情况相对较好，是长江中游城市群高校技术转移与创新建设的重要后备力量；益阳、常德、安庆、景德镇等地区科技专著与科技论文数量较少，高校技术转移工作缺乏成果支撑，难以有效开展。

在成果转化方面，2014年合肥共有高校技术转让合同1212项，技术转让当年实际收入达29 671.8万元，以绝对优势排名长江中游城市群首位，全市高校科技成果转化工作有效落实；长沙市2014年共有高校技术转让合同146项，合同收入达5342万元，单位合同的平均收入水平较高，技术成果质量较好；武汉科教资源丰富，具有多所国家重点高校，但现有技术转让收益水平不符合其科研投入规模，高校技术转移效率较低；宜昌、蚌埠两地高校技术转让当年实际收入仅为35万元、20.8万元，高校科研成果未能有效转为实际收益，成果产业化发展能力不足；长江中游城市群高校技术转移发展失衡问题较为严重，在保证武汉等中心城市建设的同时，应进一步推动宜昌、湘潭、芜湖等一般城市的高校科研发展（表5-3，图5-4）。

表5-3　2014年长江中游城市群高校技术转移科研产出与成果转化的地区分布情况表

地区	专著（部）	论文（篇）	技术转让合同数（项）	技术转让当年实际收入（千元）
南昌	23	9978	31	7710
景德镇	2	677	23	409
抚州	3	1228	3	1183
武汉	239	39 993	262	45 356
黄石	1	1169	22	1860
黄冈	0	1596	14	800
宜昌	11	2712	9	350
长沙	75	22 280	146	53 420
湘潭	62	2484	217	16 799
岳阳	3	704	43	4414
益阳	2	575	3	740
常德	2	530	7	1300
衡阳	2	2771	16	6335

续表 5-3

地区	专著(部)	论文(篇)	技术转让合同数(项)	技术转让当年实际收入(千元)
合肥	28	16 080	1212	296 718
淮南	4	1774	49	6900
芜湖	10	1832	47	2186
滁州	15	743	12	2142
安庆	0	501	28	5000
蚌埠	4	1620	18	208

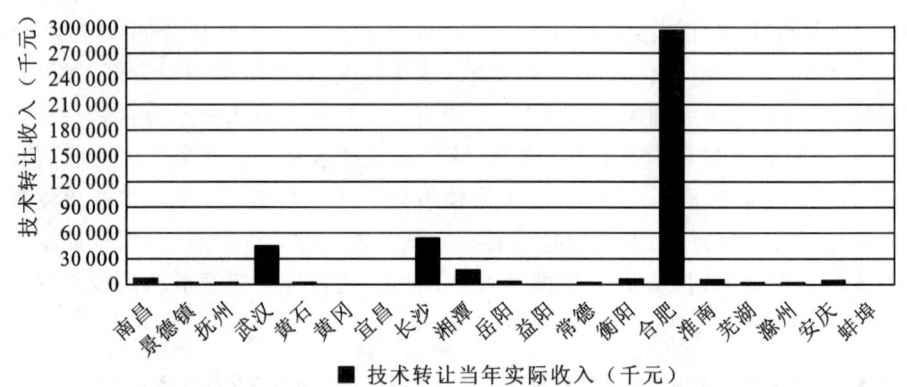

图 5-4 长江中游城市群高校技术转让收入的地区分布情况

第三节 实证分析

以长江中游城市群高校技术转移发展现状与各高校创新发展基本特色为依据,构建相应绩效评价指标体系,围绕省级数据与市级数据两个层面探讨长江中游城市群高校技术转移绩效,全面掌握长江中游城市群高校技术转移的效率水平与地区发展情况,有利于各级政府及相关主体构建符合自身发展特色的政策体系与机制体制,进一步推动长江中游城市群高校技术转移稳定、健康、高效的发展。

一、指标体系构建

进一步梳理和总结相关文献资料,参考和吸收国内外高校技术转移绩效评价研究经验,在保障数据可得、操作可行、结果可信的前提下,利用投入产出的有关思想,围绕高校技术转移投入与高校技术转移产出两个维度,构建相应的高校技术转移绩效评价指标体系,从而有效评价长江中游城市群高校技术转移绩效水平,为该地区高校技术转移绩效的提升以及区域整体技术水平与竞争实力的增长提供有力的数据支持。

一是高校技术转移投入指标。良好的科研投入是有效保障高校技术转移顺利开展、提高高校科技成果转化效率、促进高校技术转移高速增长的重要基础与关键支撑,本书根据长江中游城市群高校技术转移实际,围绕科技人才、研发资金、科研项目等维度,选取教学与科研人员数量、高校研究与发展人员数量、科技经费以及科技课题数4个量化指标,对高校技术转移的投入情况进行主要概括与探讨。

二是高校技术转移产出指标。限于数据可得与操作可行两项基本原则,本书主要通过专著数量、发表论文数量、技术转让合同数以及技术转让合同金额4个指标,反映高校科研成果产出及其转化情况,充分掌握长江中游城市群高校技术转移产出的相关内容,有利于高校技术转移绩效评价的有效执行与顺利开展。

基于上述分析,长江中游城市群高校技术转移绩效评价指标体系如表5-4所示。

表5-4 高校技术转移绩效评价指标体系表

一级指标	二级指标	三级指标	单位
高校技术转移绩效	高校科研环境与投入指标	教学与科研人员 X1	人
		研究与发展人员 X2	人
		科技经费 X3	千元
		科技课题数 X4	项
	高校科研产出指标	专著数量 X5	部
		发表论文数量 X6	篇
		技术转让合同数 X7	项
		技术转让当年实际收入 X8	万元

二、熵值法

1. 基本原理

熵值法主要以信息熵为依据,在各领域广泛应用,是一种常见的指标权重赋值方法。熵是对不确定性的度量,信息熵越小,则该信息的无序性越小,有效价值越高,指标的权重也就越大。假设多属性决策矩阵如下:

$$M = \begin{matrix} A_1 \\ A_2 \\ \vdots \\ A_m \end{matrix} \begin{bmatrix} X_{11} & X_{12} & \cdots & X_{1n} \\ X_{21} & X_{22} & \cdots & X_{2n} \\ \vdots & \vdots & \ddots & \vdots \\ X_{m1} & X_{m2} & \cdots & X_{mn} \end{bmatrix} \quad (5\text{-}1)$$

则 $P_{ij} = \dfrac{X_{ij}}{\sum\limits_{i=1}^{m} X_{ij}}$ 表示第 j 个指标下第 i 个方案 A_i 的贡献度，$E_j = -K \sum\limits_{i=1}^{m} P_{ij} \ln$ (P_{ij}) 表示所有方案对指标 X_j 的贡献总量，其中，常数 $K = 1/\ln m$，从而保证 $0 \leqslant E_j \leqslant 1$，即 E_j 最大为 1，各指标权重为 $W_j = \dfrac{d_j}{\sum\limits_{j=1}^{m} d_j}, d_j = 1 - E_j$。

2. 实证分析

根据《2014年高等学校科技统计资料汇编》，整理湖北、湖南、江西、安徽四省的相关指标数据，利用公式计算所得各指标权重为：教学与科研人员权重＝0.058，研究与发展机构权重＝0.057，科技经费权重＝0.171，科技课题权重＝0.093，专著数量权重＝0.169，发表论文数量权重＝0.082，技术转让合同数量权重＝0.194，技术转让合同金额权重＝0.176；将各省样本数据与指标相乘得到最终绩效，其结果显示，长江中游城市群四省中，安徽省高校技术转移绩效最好，湖北、湖南紧随其后，江西排名最后，进一步推动安徽、湖北与湖南的高校技术转移发展、缩小其与发达地区差距，加快江西高校技术转移进程刻不容缓（表5-5、表5-6）。

表5-5 长江中游城市群高校技术转移相关数据表

地区	教学与科研人员（人）	研究与发展机构数（个）	科研经费（千元）	科技课题（项）	著作（部）	发表学术论文（篇）	技术转让合同数（项）	技术转让当年实际收入（千元）
江西省	20 148	142	1 458 941	7118	140	17 665	67	23 040
湖北省	48 586	339	7 119 541	22 306	771	50 631	312	90 773
湖南省	38 944	246	3 559 880	14 904	550	32 822	446	114 085
安徽省	34 598	277	3 926 584	16 684	522	27 010	1396	399 681

表5-6 指标权重表

指标	教学与科研人员	研究与发展机构	科技经费	科技课题	专著数量	发表论文数量	技术转让合同数量	技术转让合同金额
权重	0.058	0.057	0.171	0.093	0.169	0.082	0.194	0.176

三、因子分析法

1. 数据来源

以操作可行性与数据可得性原则为前提,利用《2014年高等学校科技统计资料汇编》直接获取或计算得到相应数据资料,对长江中游城市群高校技术转移绩效进行合理的评价与分析。上文已提到由于部分城市高校技术转移数据难以获得,或样本数值较小缺乏研究价值等原因,仅选取南昌、景德镇、抚州、武汉、黄石、黄冈、宜昌、长沙、湘潭、岳阳、益阳、常德、衡阳、合肥、淮南、芜湖、滁州、安庆、蚌埠共19个城市进行分析,本节不再赘述。

2. 评价结果

以SPSS软件为研究工具,对相关指标数据进行整理、分析,其输出结果显示:该模型共提取两项公共因子,第一个公共因子在"教学与科研人员""研究与发展人员""科技经费""科技课题数""发表论文数量"以及"专著数量"共6个指标上具有较高载荷,即该公共因子主要解释了以上指标,将其命名为科研投入因子;第二个公共因子在"技术转让合同数"以及"技术转让合同金额"共2个指标上具有较高载荷,即该公共因子主要解释了以上指标,将其命名为科研转化因子。利用回归法,进一步计算各项公共因子得分以及高校技术转移绩效得分,并进行排序,最终结果如表5-7所示。

表5-7 长江中游城市群高校技术转移绩效评价情况表

地区	科研投入因子		科研转化因子		高校技术转移绩效	
	得分	排名	得分	排名	得分	排名
南昌	0.394 66	3	−0.318 27	17	0.186 484 44	4
景德镇	−0.457 45	16	−0.248 96	10	−0.396 570 92	16
抚州	−0.411 5	13	−0.282 56	14	−0.373 849 52	13
武汉	3.645 14	1	−0.363 68	19	2.474 564 56	1
黄石	−0.444 94	14	−0.238 58	9	−0.384 682 88	14
黄冈	−0.392 63	12	−0.271 45	12	−0.357 245 44	12
宜昌	−0.269 24	6	−0.319 67	18	−0.283 965 56	7
长沙	1.521 64	2	0.032 07	3	1.086 685 56	3
湘潭	−0.072 17	5	0.039 63	2	−0.039 524 4	5
岳阳	−0.476 17	18	−0.183 82	5	−0.390 803 8	15
益阳	−0.453 96	15	−0.283 33	15	−0.404 136 04	18

续表 5-7

地区	科研投入因子		科研转化因子		高校技术转移绩效	
	得分	排名	得分	排名	得分	排名
常德	−0.469 59	17	−0.269 92	11	−0.411 286 36	19
衡阳	−0.303 69	8	−0.237	8	−0.284 216 52	8
合肥	0.011 04	4	4.106 66	1	1.206 961 04	2
淮南	−0.371 91	11	−0.164 31	4	−0.311 290 8	10
芜湖	−0.277 66	7	−0.230 24	7	−0.263 813 36	6
滁州	−0.366 41	10	−0.294 13	16	−0.345 304 24	11
安庆	−0.485 96	19	−0.195 24	6	−0.401 069 76	17
蚌埠	−0.319 21	9	−0.277 17	13	−0.306 934 32	9

四、综合评价结果分析

从省级层面来看，长江中游城市群高校技术转移绩效水平排名情况为安徽＞湖北＞湖南＞江西，基本符合四省经济、科技发展现状，其中，江西省整体水平相对较差，与其他三省差距较大，四省发展较不平衡，长江中游城市群高校技术转移建设任重道远。

从市级层面来看，武汉、合肥、长沙、南昌作为长江中游城市群的中心城市与副中心城市，对长江中游城市群高校技术转移整体发展的贡献极其突出，其高校技术转移绩效在19个城市中分列前四位。对比科研投入因子、科研转化因子以及高校技术转移绩效的得分与排名情况来看，武汉、南昌两市科研投入因子得分高，但科研转化因子排名末位，庞大的科研投入与科研成果并未转化为相应的经济价值，技术转移效率较差。宜昌、蚌埠等市也存在类似的问题，科研投入利用率低，资金、人才等优势未得到有效发挥，高校科技资源有待进一步挖掘与利用。高校供给与市场需求未能形成有效对接，技术成果无法向实际生产力转变，科研产出质量与技术转移能力仍有较大的提升空间。相比之下，长沙市发展则较为均衡，在科研投入因子与科研转化因子两个方面均处于领先地位。合肥、黄石、岳阳、淮南等地区高校科研投入因子排名较后，而高校科研转化因子排名相对偏前，技术转移效率相对较好，但由于科研投入规模偏低，导致高校技术转移工作难以大量开展。衡阳、芜湖等地区在高校科研投入因子与科研转化因子方面发展较为均衡，均处于上述地区的中游偏上水平，应在保持其均衡发展的基础上进一步加大科研投入力度，提升高校技术转移效率。而益阳、常德、景德镇等地区则在科研投入、科研转化方面均处于落后水平，高校技术转移发展仍处于起步阶段。

综合而言,高校技术转移绩效排名前十名的城市中,安徽省共有 4 个,即合肥、淮南、芜湖、蚌埠,实力最为强劲;湖南省共有 3 个,即长沙、湘潭、衡阳;湖北省共有武汉、宜昌两个城市进入前十,且武汉市高校技术转移绩效得分较高,与其他地区存在较大差距;而江西省则仅有南昌一个城市排名前十;市级层面的评价结果与省级层面的评价结果基本保持一致,具备一定的参考价值。而从各市的得分情况来看,除武汉、合肥、长沙、南昌外,其余城市高校技术转移绩效分值均为负数,长江中游城市群整体绩效水平较差,且地区间发展失衡矛盾突出,应进一步加强高校技术创新建设,有效夯实科研基础,积极挖掘科技资源,大力发展科研成果转化平台,完善相关中介服务体系,全面提升长江中游城市群高校技术转移绩效水平。

第四节 长江中游城市群高校技术转移绩效的提升路径

以长江中游城市群内各省市高校技术转移实际绩效水平为依据,充分考虑各高校技术转移建设进程与发展特色,从深化区域协同合作、完善相关政策制度、大力发展中介服务体系等方面着手,构建符合长江中游城市群高校技术转移需求的多渠道、多元化绩效提升路径,从而有效推动区域技术市场的完善与整体科技实力的增强。其提升路径可归纳为以下 4 点。

一是进一步深化推进长江中游城市群内各省市间的协同合作,突破行政区划的界限,构建"线上+线下"的高校技术转移合作机构与平台,积极开展多种形式、多种渠道的高校科研与技术转移协作,实现科技、信息、人才资源的共享与优势互补,加强各成员城市交流合作的深度与广度,最大限度地减少或消除区域发展失衡现象,实现现有四大城市群之间的联动发展与一体化进程,提升长江中游城市群高校技术转移整体水平与综合竞争实力。一方面,武汉、长沙、合肥与南昌作为省会城市,汇聚全省优质资源,经济、技术发展基础相对较好,具有优质的人才资源储备、科教资源丰富、科研基础扎实、综合实力强劲。通过核心城市的高速建设,有效带动城市群整体发展与进步。同时,针对湘潭、宜昌、衡阳、芜湖等经济和技术发展相对较好且高校技术转移绩效排名相对靠前的非省会城市,也应进一步加强其高校技术转移发展力度,缩小其与省会城市间的差距。另一方面,应加强顶层设计,加快江西省融入长江中游城市群协同发展,积极争取政策支持,提高安庆、常德、益阳等高新技术转移绩效落后地区的发展水平,深化区域合作,实现均衡发展。

二是以长江中游城市群社会经济发展进程、技术水平以及高校技术转移市场实际发展需求为依据,政府有关部门应构建由上而下、层层递进、交叉联系且具有区域发展特点的高校技术转移法规体系,既以长江中游城市群整体发展规划为统领,又满足不同省市高校技术转移的差异性需求,为长江中游城市群高校技术转移发展创造健康、有序的法治环境。对高校技术转移过程中的研发、生产、交易、咨询、转化等一系列行为进行合理的规范与约束,明确高校、政府、企业、各类社会组织团体等不同主体的具体职能。加大知识产权保护力度,有效制订和落实相关制度规定,为长江中游城市群高校技术转移的长期、稳定、和谐发展奠定良好基础。

三是完善相关激励与扶持政策,利用政府拨款、减税免税等方式,加大对高校科技资源较弱、技术转移发展较差地区的支持力度,综合考虑成员城市的地理条件、经济实力、技术水平、文化理念、发展进程、产业结构等因素,建立"一对一""一对多""多对一"的地区间互助、合作模式,实现高校技术转移的均衡、高速、稳定发展,缓解区域发展失衡矛盾,提升长江中游城市群整体实力。

四是根据武汉大学、中国科学技术大学、中南大学等高校的发展情况与学科特色,促进高校间的沟通交流与协作共建,推动高校与企业的有效对接,大力推进大学科技园建设,加速科技型企业与科研项目孵化。加强中介服务体系建设,构建成熟的中介服务机构与成果转化平台,培养专业的技术转移服务人才。

第六章　长江中游城市群创新驱动发展战略选择

创新驱动发展是一个系统性变革的过程，其核心在于构建新的发展动力系统，以新动力代替传统动力，推动新动力的无缝转换，实现可持续发展。推动长江中游城市群的创新发展，必须按照创新驱动发展的客观规律，与城市群发展的运行机制以及城市群的发展阶段紧密结合，围绕技术创新，带动金融信贷、人才培养、机制体制、平台建设等多个领域的共同进步与改革创新，为支持长江中游城市群发展建设创造良好环境，为转型发展、合作发展探索新路径和新模式，为建设全国经济新增长极和具有一定国际影响的城市群提供强大动力。推动长江中游城市群创新驱动发展，要按照"依托两类平台、实施双轮驱动、打造一大体系、实现五大转变"的思路，着力探索系统化、完整性、有实效的创新模式。

一、打造两类平台

两类平台，就是打造一类自主创新平台和一类科技成果转化平台。依托长江中游城市群中位于武汉市的东湖国家自主创新示范区、位于南昌的经济技术产业开发区、位于安徽的合芜蚌试验区、位于长沙的"长株潭"国家自主创新示范区等重要的自主创新平台，联合其他市州的国家级经济技术开发区、国家级高新技术开发区和省级经济技术开发区等，着力打造长江中游城市群自主创新，进而推动科技成果转化的核心基地。依托国家技术转移中部中心，加快整合长江中游城市群的技术转移成果，加快技术转移、转化的进程，将以科技创新为核心的供给侧结构性改革落到实处。

二、促进双轮驱动

响应国家双轮驱动重要战略部署，把控长江中游城市群创新建设发展规划方向。一方面，强调现有技术工艺的改良与升级，加快推进科技成果研发、转化和应用，强化技术水平；另一方面，促进科技体制机制变革，激发创新驱动活力，优化创新驱动环境。以增强自主创新能力、加大研发投入、强化基础研究和关键技术领域的攻关等途径为推力，实现更多的科技创新成果研发与改造，进而推动从科学研究、实验开发到推广应用的"三级跳",真正实现创新价值。此外,实现创新驱动发展最紧迫的是要破除体制机制障碍,从技术、政府制度、资金、中介服务等角度,构建和改进适合长江中游城市群创建的机制体系,促进其持续、平稳、高效发展。

三、建设一大体系

以政府引导指挥为中心,以企业、高校、金融机构、研究机构、中介机构等主体合作互助为推力,加速推进集技术工艺升级、机制体制变革、市场秩序规范、研究成果转化、文化氛围营造、企业品牌创建、生态自然保护于一体的长江中游城市群创新体系的规划、构建与改善工作,推动各类创新文化融合发展,优化资源要素分配与利用,实现创新市场稳定与有序,促进科技和经济紧密结合。充分调动各类主体的积极性,进一步明确企业、科研院所、高校、社会组织、R&D研发部门、技术转移机构等知识创造和扩散组织的功能定位;发挥地理邻近和聚集的优势,推动人才、金融资本、研发机构、各类平台等互联互通,实现要素顺畅流动、高效配置;依托本地化优势和文化相通性,打造创新文化交流平台,构建一套适应长江中游城市群的地方化主流创新规则、习俗和规范,形成特色的创新文化,促进各行为主体相互学习、技术改良升级、知识累积交流与外溢;打造想创新、敢创新、能创新的地区发展目标与全民创新建设环境,合理组织与分配各主体职能与任务,保障各环节的规范、平稳运行,促进政策制定与现实发展的落地对接。

四、实现五个转变

以专业的技术人员进行研发活动为"塔尖",以普通群众创新创业为"塔基",构建城市群创新"金字塔"。五个转变就是城市群创新的主导者从以"塔尖"为核心向"塔尖"与"塔基"互动转变;城市群创新驱动的主战场由各市政府的松散组织向各级开发区的紧密协作体制转变;城市群创新驱动的主渠道从产业链对接和产业创新向包括企业、要素、平台等在内的全方位对接转变;城市群创新驱动的主方向从建设科技创新体系向培育科技文化协同创新体系转变;以及城市群创新驱动的主范式由"产学研用"协同模式向"产学研群转用"区域整合模式转变。

当前,大众创业、万众创新已成为时代的浪潮,各类众创空间等新型创新创业服务平台蓬勃发展,依托"双创"营造的创新创业生态环境更加开放、高度活跃,对创新驱动发展战略产生了深远的影响。随着众创空间的快速发展和创新创业门槛的进一步降低,各类科技人员、高校教师、大学生、企业蓝领、技术工人,甚至公务人员、普通农民都愿意加入到创新创业的行列,这样庞大的创新基础,构成了创新驱动发展主体的"塔基",当前的创新已经不再是少数高精尖科技人员的专利,是所有人都能参与、都可以参与的全新格局。因此,长江中游城市群实现创新驱动发展,必须把视野放到更加广阔的创新人群中,推动"塔尖"和"塔基"人群的密切互动,依托市场的自主力量,推动"高精尖技术"走入"寻常百姓家"。

长江中游城市群间的合作始于2013年。随着《长江中游城市群暨长沙、合肥、南昌、武汉战略合作协议》等相关文件和政策的颁布与执行,长江中游城市群内部各区域的深化合作与发展升级迎来机遇,"武汉共识""长沙共识""南昌共识"等将政府间协作机制维持在较高水平。然而,这种相对松散的,致力于基础设施建设、公共服务体系一体化的协作机制,在创新发展方面并不能取得比较好的建树。因此,针对经济建设和发展的主战场,各级高新区围绕产业融合、企业对接、平台连接、人才互动、要素协同等开展合作,创新经济发展的体制机制,对于发挥创新的动力优势,推动要素流动,实现更高层次的创新驱动发展更加有效。通过政府间协作,引导各级开发区建立更加紧密的互动联合机制,显得尤为必要。

城市群实施创新驱动战略,与单个省份、单个地区的创新发展有很大的区别,相对松散的组织体制推动区域创新发展的重点在于基础设施互利互通、市场因素对接对流、社会服务共促共享和生态环境联防联治,以及在此基础上的技术成果市场协调发展,而实际上只有企业、各类要素和科技成果转化服务平台的对接,才能促进产业链的协调发展关系,进而将城市群通过经济关系更紧密地联系在一起,实现更高水平的合作联动和一体化发展。紧紧围绕《中国制造2025》的产业发展方向,瞄准智能制造、绿色制造、服务型制造,引导企业通过技术创新和成果转化,生产高附加值、高技术含量、高效益的产品,加快建设国家制造业创新中心,促进长江中游城市群的优势产业向集群化、生态化、高端化方向发展,打造支撑未来我国产业发展的核心板块和经济增长"第四极";积极推动高校、科研院所、各类创新机构、服务平台开展密切合作,建立技术创新联盟、技术创新平台和技术创新虚拟组织,联合进行包括产业、环境资源、社会发展等在内的重大技术攻关,建立产业合作园、科技合作园、科技大市场等,促进科技成果孵化、转化和产业化,建立大型仪器设备共享、科技信息、专业人才库等平台,实现科技资源的区域共享。

建设分工协作、优势互补、重点突出、特色彰显的科技创新体系,是实现创新驱动发展的核心内容,随着创新要素的集聚和创新模式的不断优化,科技创新将朝着科技文化协同创新体系发展,着力于区域创新体系的升级。加速推进文化产业的技术升级与制度改革,大力夯实其科技基础;加快推动技术产业的文化建设与创新培养,积极改善其文化氛围;围绕创新、创业、创意的"三创"思想,有效促进文化领域和科技领域的协调发展与融合共进;创建科技文化协作融合平台,培育新兴数字文化业态,构建产业创新链,推进特色产业集群发展。

一直以来,创新驱动发展的主范式是"产学研用"协同推进,随着《中国制造2025》的出台,建立"以企业为主体、市场为导向、'政产学研用'协同创新的制造业创新体系"成为发展的重要方向,即不断强化"政产学研用"各联盟主体的权利与义务,发挥各方优势方面,"政产学研用"有机组合,使之形成环环相扣的链条,最终形成技术创新体系;在城市群协同创新过程中,"政产学研群转用"的区域整合模式将成为未来的主导,即在"政产学研"的创新链前期环节的基础上,加入到城市群之间的整合,然后在科技成果转化和运用的创新链中后期环节,政府重点发挥指导与规范引领作用,企业重点突出制造优势与资金保障,高校和科研院所突出科技开发优势,城市群突出科技信息、人才、设备、平台、服务的整合功能,转化环节重点突出市场一体化,运用环节重点在于生产适销对路的、需求与供给对接的创新成果,让创新成果真正走向市场,成为推动企业发展的核心竞争力。

第七章　政策措施建议

长江中游城市群的创新驱动发展,要进一步突出武汉、长沙、合肥、南昌等中心城市的带动作用,不断强化企业的主体地位,实施重大科技项目和工程,强化重点领域和关键环节的攻关,全面推进开放创新,促进产业技术体系创新,推动跨区域整合创新资源,完善创新治理体系,把长江中游城市群打造成全国有重要影响力的、具有示范引领作用的区域协同创新高地。

一、强化中心城市带动作用

集中全体城市力量,形成区域合力。加快构建长江中游城市群创新体系,必须充分发挥武汉在湖北、长沙在湖南、合肥在安徽以及南昌在江西的引领作用;同时,发挥襄阳、宜昌、常德、衡阳、岳阳、九江、上饶、芜湖等省域副中心城市作用,着力构建"中心城市＋副中心城市＋一般城市"的城市群创新网络体系。以武汉为核心,长沙、合肥和南昌为支撑的中心城市体系,要着力发挥协调主导作用和开放引领作用,副中心城市作为二级城市群辐射的带动者,要积极建设区域性科技创新中心,其他城市则是各类科技创新要素、科技创新平台、科技创新主体的资源整合者,是"双创"的深刻践行者。

武汉市加快建设以"中国光谷""智慧城市""武汉未来科技城"等为标志,涵盖技术研发试验、产品生产经营、人才培育建设、试点示范推广等多个环节与领域的长江中游城市群园区基地集群;以龙头企业、新兴技术、著名科学家为主体,加快建设一批"工业技术研究院",在光电子信息、先进装备制造、新材料、生物医药、云计算等方面推动技术创新,突破一批关键共性技术,着力提升原始创新能力和集成创新能力;依托东湖国家创新示范区等重点平台基地,积极打造国家创新中心的核心区和长江中游城市群自主创新的战略引擎,继续深化股权激励改革试点、职务科技成果就地转化试点、科技金融结合改革试点、全面创新改革试验区,建设具有广泛影响力和国家竞争力的国家创新中心。

长沙市和南昌市把自主创新作为城市加速建设与整体实力培养的首要战略部署,合肥市积极构建相应政策体系,加快融入长江中游城市群建设。大力推动机制体制变革升级与调整改进,强化企业自主创新主体地位,在汽车及零部件、工程机械、新材料等领域加快建设一批工业技术研究院、公共检测平台,建设一批省域技术创新战略联盟和科技服务机构,鼓励企业建立国家级企业技术中心、工程研究中心、重点实验室、联合研发基地等科研创新建设平台,加快校企产学研合作,鼓励企业推行标准体系建设,建设长江中游城市群具有鲜明特色的新兴产业集聚区、军民融合引领区和自主创新示范地区。

多个副中心城市围绕企业孵化、技术研发、人才集聚、工艺改良实验、产品生产推广等环节,统筹推进相应创新平台建设,形成国家、省、市各级规划与需求相衔接的战略基地,为长江中游城市群创新驱动发展创造良好的平台基础。学习和借鉴国内外成熟区域集群的创新发展经验,树立国际意识,培养国际视野,争创国际标准,构建涵盖研发创造、生产加工、检测中试、咨询培训、营销推广等多重功能的创新服务平台。积极推进创新、创业、创意"三创"建设,加强政府优惠扶持力度、规模与范围,构建高校创新创业基础教育课程体系,培养专业后备人才,提升创新创业绩效考核评定标准,进一步打造长江中游城市群创新创业核心规划园区。

二、优化产业协同创新体系

一直以来,长江中游城市群内部各省的产业结构趋同态势明显,低水平重复建设问题较为突出,区域间缺乏专业化分工协作,产业关联带动能力差,影响长江中游城市群创新优势的发挥。因此,要以组织体系建设、知识协同服务体系建设为重点,加快完善产业协同创新体系。

建设一批跨区域、多领域、多主体共建的产业创新联盟。合理挖掘、配置和利用企业、高校、产业、政府等主体的资源,推动其协同发展与合作互惠,形成区域发展合力,共同推进长江中游城市群创新建设与区域进步。整合武汉、长沙、株洲、襄阳、景德镇等城市的资源,组建装备制造业产业联盟,积极打造具有世界影响力的装备制造产业基地;整合武汉、长沙、南昌、襄阳、九江、株洲、湘潭、景德镇等城市的汽车产业资源,加快组建汽车产业联盟,共同开展关键技术领域的配套协作、研发攻关,打造全国重要的汽车及零部件产业基地;整合武汉、宜昌、黄冈、荆州、岳阳、益阳、九江、南昌等城市的船舶产业资源,组建船舶产业联盟,提高长江中游城市群船舶研发、全球销售的水平;整合武汉、岳阳、九江、荆门等城市的石油化工产业资源,组建石油化工精深加工产业联盟,推动产业升级增效;整合武汉、长沙、南昌、荆州等城市的家电产业资源,积极打造家电产业制造、配送、再制造基地。

建设一批跨区域、多层次、产学研用协同发展的科技创新平台。有效规避和解决传统产学研协同发展模式中主体间互动不足、缺少组织规范、技术标准过

第七章　政策措施建议

低、园区平台建设较差、缺少长期规划等突出瓶颈,加快构建产业、高校、科研机构、群组平台与成果转化与应用中介服务中心无缝衔接、协同发展、联合运行的产学研协作新模式。加强专业契合的高等院校、科研院所、龙头企业共建科技创新平台,面向市场需求和共性关键技术领域,开展协同技术攻关,推动光电子、太阳能、新材料、重型机械、重大成套设备制造、超级杂交水稻、信息、船舶、轨道交通设施、有色金属精深加工等领域的技术突破。发挥武汉东湖国家自主创新示范区引领作用,积极发挥长株潭地区综合性国家高技术产业基地和南昌航空级生物等专业性国家高新技术产业基地的辐射带动作用。通过各个国家级开发区,加快建设一批服务于知识密集型产业发展的共性技术创新平台和公共服务平台,不断提升自主创新能力和可持续发展能力。与此同时,坚持科技"引进来"和"走出去"相结合的战略,通过各类科技创新平台加快融入全球创新网络的机会,创造中外科技合作新模式,加快长江中游城市群科技创新的国际化进程。

三、积极培育壮大创新主体

帮助企业提升研发能力。针对网络信息、装备制造、能源环保等重点产业,积极鼓励和促进领头企业与高等院校等科技主体达成技术合作,共同开展前沿尖端技术攻关与平台建设工作,增强研发投入规模与质量,提高研发能力,提升产业的工程化、产业化水平。支持城市群内企业依托技术联盟,积极参与国际标准、国家标准和行业标准的制订,加快培育和发展拥有自主知识产权、自主品牌和持续创新能力的创新型企业,打造一批成长性好、产值高的高新技术领军企业。在长江中游城市群,着力完善统一的市场准入机制,促进市场主体登记注册一体化,积极探索企业信用信息互通共享机制,推进消费维权热线的互联互通,加大力度支持科技型中小企业开展技术创新,培育一批创新能力强、成长性突出、发展潜力大的科技型中小企业群。

大力实施跨区域"双创"行动。探索借鉴天津高新区的创通票[1]制度,利用特定科技服务定额的有价电子编码系统,实现银行、企业、创新服务供给者、政府的无缝对接,简化和便捷创新创业服务流程,满足创新主体不同领域、不同时期、不同环节的各类要求。长江中游城市群要积极探索区域范围内的创通票制度,通过政府购买服务的方式,委托几家企业经营管理运作创通票,帮助区域内企业加速成长,让创新创业在区域内蔚然成风。

探索建设城市群技术创新虚拟组织。为了弥补自身技术创新能力不足,鼓励有技术需求的企业、产业集群、产业基地等深入推进与高校等科研主体的联系

---

[1] 创通票是一种定额有价电子编码,依靠互联网管理系统实现流转与兑现。

和合作,利用互联网平台与现代信息技术,构建技术研发合作网络管理中心,采取"有事就聚合,无事就散开"的方式,降低创新组织成本,提高工作效率。

四、加快推进市场一体化服务平台

通过培育共同的市场体系,加快建设人才、信息、金融资源共享服务平台,有利于整合城市群的创新资源,激发区域市场活力和经济增长动力,打造具有重要影响力的世界级城市群。

共建市场一体化的规则体系。以满足现代技术研发升级需要,实现市场管理与生产经营规模化、商业化发展为目标,围绕规章制度设立、市场准入门槛标准制订、监管考核、职能分工、市场推出机制构建等领域,有效建设与完善市场一体化规则体系,着力打破条块分割的政策和体制障碍。

加快完善人才信息服务平台。长江中游城市群四省会城市建立了"互联网+人才信息"共享服务平台,与南昌、武汉、长沙、合肥4个城市人力资源社会保障局的专业人才网同步上线。共享服务平台的创建涵盖搭建统一的人才信息共享平台、实行统一的人才信息发布制度、建立统一的人才资源信息合作机制、完善统一的人才信息互动机制等重要内容。利用云存储、云计算等先进信息技术,设立并完善集信息记录、信息发布、信息传递、信息处理、信息交流等作用于一体的多功能、全领域、动态化、一站式人才信息管理服务网络平台。积极推行高端人才"柔性"流动机制,在引进战略型、创新型和复合型高层次人才的同时,依托城市群开放人才信息库,促进人才在区域间、产业间、企业间的流动,真正实现"不为所有,只为所用";城市群联合发布年度高层次人才需求目录,将高层次人才资源整合入库,并与企业需求、研发需求等相对接,实现人才资源城市群共享的目标;统筹城市群各类资源,加快建立和完善"人才+项目+基地"的综合人才管理体系,把人才链建在城市群的共同科研链和产业链上。

建设一批科技服务平台。加快建设城市群科技资源共享平台,以重点高校、领头研究机构、骨干企业为核心,结合区域全体科技主体与研发资源,共同推进产业尖端关键共性技术的攻关改造工作,带动整体科研基础与研发能力的增长,有效创建以信息交流、传递、整合为主导的多功能和一体化管理系统,推进各类信息在城市群范围内更高效的配置,实现技术、信息、政策、人才、仪器等资源共享的基本目标。以政府相关扶持政策与市场发展需求为基础,由各科技主体联合行业专业组织牵头,共同筹建长江中游城市群创新中介服务平台,满足各主体在创新实践中对金融、谈判交易、咨询、培训、法律、营销、考评等内容的专业化需求,有效促进城市群创新要素集聚和创新资源能力的发展。

建设一批跨区域金融服务平台。不断完善金融服务,积极破除资金约束瓶颈,健全城市群协同创新的融资服务体系。确立政府财政投入机制,各级城市共同参与建设长江中游城市群产业发展基金,通过市场化运作的方式,运用PPP模式[1],参与到城市群重点项目的发展。根据自身创新发展战略需求与实际金融水平,合理评估和筛选适宜的创新建设项目,明确资金扶持轻重顺序。同时,支持各类国有资本投资运营公司,积极开展创新发展服务,有效拓宽长江中游城市群金融服务渠道与模式,合理挖掘和吸纳各类社会资本,创新金融信贷产品类型,扩大创新建设融资规模与资本来源,为长江中游城市群内部各创新主体发展提供有力的金融支撑。

加快完善知识产权保护服务平台。出台区域性的知识产权管理规章制度,探索建设东湖国家自主创新示范区、长株潭地区综合性国家高技术产业基地等"知识产权特区",并在此基础上建设知识产权维权服务平台。积极探索区域内知识产权举报投诉和维权援助机制,知识产权行政执法和刑事司法相衔接的工作机制,对重复侵权、群体侵权等恶意侵权案件在城市群范围内进行公开曝光,对知识产权侵权行为"零容忍",着力提高城市群知识产权保护环境。

推动信用体系对接。一方面,利用政府政策引导、产业规章制度规范以及法律条款约束,进一步推动各主体诚实守信意识的树立与培养,建立健全信用考核、评定、认证、管理机制,创造健康、有序、诚信、透明的市场发展环境;另一方面,创建长江中游城市群信用考评管理网络信息平台,合理制订覆盖全体相关产业的信用评级企业目录,对企业、相关组织、科研机构等有关主体的信用考评、资格认证、质量检测、奖惩处理等内容实行全流程、智能化、动态管理。深入实施知识产权战略行动计划,完善统一的知识产权价值评估机制,健全长江中游城市群知识产权审判体系。

五、创新产学研用协调转化机制

健全城市群科技成果转化职能网络。不断健全省级层面和市级层面的科技成果转化工作,强化科技管理部门之间的合作,完善其推进城市群科技成果转移转化的工作职能。促进和鼓励有条件、有基础、有需求、有能力的企业、高校、科研机构、技术中心等筹办试点工作,进一步收集、整合和利用各领域、各区域、各环节的要素资源,推动武汉、长沙、合肥、南昌等核心区做好领导带头工作。重点关注特色优势产业与支柱主导产业的技术攻坚情况,完成相应成果的市场化生产经营任务。积极发挥国家技术转移中部中心的示范带动作用,打造集技术交

---

1 PPP模式又称为公私合营模式,即Public-Private-Partnership,指公共部门通过与私人部门建立伙伴关系提供公共产品或服务的一种方式。

易、科技金融等公共服务于一体的网络平台和实体平台,促进长江中游城市群技术市场的开放共享和高度融合,实现创新资源的空间聚集。

着力提高科技成果中间性试验(以下简称中试)的成功率。面向市场需求,加快推进光电子、太阳能、新材料、重型机械、重大成套设备制造、传播、信息、航空、有色金属深加工、轨道交通设施等领域的一批重大关键技术自动化、产业化、市场化,跨地区组建产学研联盟和科技成果中试基地。以汽车、钢铁、装备制造等支柱产业为基础,结合新能源、信息网络、生物医药等新时期创新建设重点规划产业的发展需求,进一步开展相应科研成果的中试转化工作,促进技术资源的商业化、经济化与市场化转变。积极引导关键共性技术的联合研发与推广扩散,促进有潜力、有条件、有基础的初创企业以及中小企业进一步孵化成长,带动长江中游城市群整体综合技术实力与创新能力的提升。

加快城市群企业"走出去"步伐。建立以城市群企业为主体配置全球科研资源的风险担保机制,不断拓展、获取和利用海外创新资源的渠道,围绕能源资源开发利用、新材料与先进制造、信息网络等区域性和全球性的重大科技问题,开展联合攻关和技术创新。积极参与全球讨论与商议,进一步加强中国在制订国际技术标准、市场规则、行业规范、运行章程时的主动权与决策权。

六、完善区域创新发展机制

建立城市间创新协商机制。借鉴长三角城市群的发展模式,加快构建"省-市-县"和"政府-协会-民间"三级区域协调机制。加强区域创新资源整合,集合优质资源与优势平台,加快形成科教资源共建共享的机制,推进人才的联合培养、技术的联合攻关和成果的协同转化。优化区域创新组织方式,设立长江中游城市群协同创新中心,深化区域创新研发、集成应用、成果转化协作。

营造健康良好的创新环境,培养高质量的创新人才,即实施更加积极的人才政策,加强区域联动,加大引进具有世界水平的科学家、科技领军人才、工程师和高水平创新团队力度;探索构建创新型人才联合培养模式,积极培养高技能人才、职业经理人和中层管理人员;完善人才激励机制,健全城市群范围内科研人才多向流动机制,充分激发人才活力。

优化专业服务体系,即鼓励共建创新服务联盟,培育协同创新服务机构,强化技术扩散、成果转化、科技评估和检测认证等专业化服务;在充分利用现有科技资源、统筹考虑现有科研布局的基础上,支持科研院所、科技中介按程序在城市群设立异地的分支机构,提供专利挖掘、申请、维护和管理等服务;加强中小企业公共服务平台网络建设,增加知识产权、教育培训、投融资等"一站式"服务。完善鼓励技术创新和科技成果产业化的法制保障、激励机制、市场环境;坚持尊重劳动、尊重知识、尊重人才、尊重创造,营造有利于创新发展的环境支撑和社会氛围。

营造鼓励创新的城市群市场环境,即探索实施城市群发展的负面清单制度,在不能一体化的领域列出清单,强调城市群在基础设施、产业布局、公共服务、生态环保等方面的一体化,让市场按照经济规律在各城市配置要素资源,各个城市都能明确区域发展的重点任务和时间节点,形成功能互补的城市发展格局,进而有利于城市群在协同创新方面发挥更大的作用。

主要参考文献

陈劲,蒋子军,陈钰芬.开放式创新视角下企业知识吸收能力影响因素研究[J].浙江大学学报(人文社会科学版),2011,41(5):71-82.

陈劲,宋建元.解读研发:企业研发模式精要·实证分析[M].北京:机械工业出版社,2003.

曹芳东,黄震方,吴江,等.1990年以来江苏省区域经济差异时空格局演化及其成因分析[J].经济地理,2011,31(6):895-902.

崔岩,郑帆帆,朱继国.高校科技成果转化及技术转移影响因素研究[J].价值工程,2012(33):247-249.

方世敏,邓丽娟.基于空间结构理论的湖南区域旅游经济发展研究[J].湖南财政经济学院学报,2012,28(140):62-67.

傅正华,韩秋实,栾忠权.地方高校技术转移研究[M].北京:知识产权出版社,2012.

胡斌,陈晓红,王小丁.创新型城市群创新能力评价研究——基于长株潭"两型社会"综合配套改革试验区的实证分析[J].经济问题探索,2009(5):153-161.

刘泽政,傅正华.地方高校技术转移影响因素分析[J].科学管理研究,2010(3):26-29.

刘树成.现代经济词典[M].南京:江苏人民出版社,2005年.

李文博.我国区域创新能力的空间分布特征、成因及其政策涵义[J].科技管理研究,2008(9):57-59.

李伟庆,聂献忠.产业升级与自主创新:机理分析与实证研究[J].科学学研究,2015,33(7):1008-1016.

李志刚,汤书昆,梁晓艳,等.我国创新产出的空间分布特征研究——基于省际专利统计数据的空间计量分析[J].科学学与科学技术管理,2006(8):64-71.

陆宇嘉,杨俊,谭宏.环境约束下中国省域经济增长的空间计量分析[J].山西财经大学学报,2012,34(9):14-25.

马琳.中小企业利用全球创新网络的策略研究[J].商业时代,2011(4):79-80.

马歇尔.经济学原理(中译本)[M].北京:商务印书馆,1997.

万勇.创新能力的空间分布及其经济增长效应的实证研究[J].上海经济研究,2011(4):36-46.

王晓丹,王伟龙.广东省区域经济差异的探索性空间数据分析:1990—2009[J].城市发展研究,2011,18(5):43-49.

于伟,张彦.山东省区域创新能力空间特征研究——基于探索性空间数据的分析[J].科技管理研究,2013(4):99-102.

张利洪,谢勇,倪晓芳. 中国创新能力空间差异的成因分析——基于省际专利申请量的空间计量分析[J]. 商场现代化,2010(10):7-9.

Angel D P. Inter-firm collaboration and technology development partnerships within US manufacturing industries[J]. Regional Studies,2002,36(4):333-344.

Anselin L. Local Indicators of Spatial Association-LISA[J]. Geographical Analysis, 1995, 27 (2): 93-115.

Brouwer E,Budil-Nadvornikova H,Kleinknecht A. Are urban agglomerations a better breeding place for product innovation? An analysis of new product announcements[J]. Regional Studies,1999,33(6):541-549.

Bucek M. Regional integration of the Slovak republic: A strategy of the European Union support utilization[J]. Ekonomicky Casopis,2003,51(8):982-996.

Caragliu A,de Dominicis L,HLF de Groot. Both Marshall and Jacobs were Right! [J]. Economic Geography,2016,92(1):87-111.

Chen J, Fleisher B M. Regional income inequality and economic growth in China[J]. Journal of Comparative Economics, 1996, 22(2): 141-164.

Cheshire P C,Malecki E J. Growth, development, and innovation: A look backward and forward[J]. Papers in Regional Science,2004,83(1):249-267.

De Graaff T, van Oort F G, Florax R. regional population-employment dynamics across different sectors of the economy[J]. Journal of Regional Science,2012,52(1):60-84.

Drucker J. Regional industrial structure concentration in the United States: trends and implications[J]. Economic Geography,2011,87(4):421-452.

Geary R C. The contiguity ration and statistical mapping[J]. The incorporated statistician, 1954,5(3): 103-105.

Getis A, Ord J K. The analysis of spatial association by use of distance statistics[J]. Geographical Analysis, 1992, 24 (3): 189-206.

Goncalves E,Almeida E. Innovation and spatial knowledge spillovers: evidence from Brazilian patent data[J]. Regional Studies,2009,43:513-528.

Hampson R, Simeral J, Deadwyler S. Distribution of spatial and non-spatial information in dorsal in hippocampus[J]. Nature, 1999, 402(6267): 610-614.

Huallachain B O,Lee D S. Technological specialization and variety in urban invention [J]. Regional Studies,2011,45:67-88.

Illy A,Schwartz M,Hornych C, et al. Local economic structure and sectorel employment growth in German cities[J]. Tijdschrift Voor Economische Sociale Geografie,2011,102(5):582-593.

Jacobs W,Koster H,van Oort F. Co-agglomeration of knowledge-intensive business services and multinational enterprises[J]. Journal of Economic Geography,2014,14(2):443-475.

Kemeny T,Storper M. Is specialization good for regional economic development?[J]. Regional Studies,2015,49(6SI):1003-1018.

Kilkenny M. Urban/regional economics and rural development[J]. Journal of Regional Science,2010,50(1):449-470.

Marek P. Agglomeration and FDI in east German knowledge-intensive business services[J]. Economia Politica,2012,29(3):343-360.

Marrocu E,Paci R,Usai S. Productivity growth in the old and new Europe: the role of agglomeration externalities[J]. Journal of Regional Science,2013,53(3):418-442.

Maria E D,Bettiol M,De Marchi V, et al. Developing and managing distant markets: the case of KIBS[J]. Economia Politica,2012,29(3):361-379.

Merino F,Rubalcaba L. Are knowledge-intensive services highly concentrated? Evidence from European Regions[J]. Tijdschrift Voor Economische En Sociale Geografie,2013,104(2SI):215-232.

Moran P A P. Notes on continuous atochastic phenomena[J]. Biometrika,1950,37(1—2):17-23.

Neffke F,Henning M,Boschma R, et al. The dynamics of agglomeration externalities along the life cycle of industries[J]. Regional Studies,2011,45(PII 9221379691):49-65.

Partridge M D,Rickman D S,Ali K, et al. Employment growth in the American urban hierarchy: Long live distance[J]. B E Journal of Macroeconomics,2008,8(101):218-227.

Romer P. Endogenous technological change[J]. Journal of Political Economy,1990,98(5):S71-S102.

Scott A. Entrepreneurship, innovation and industrial development: Geography and the creative field revisited[J]. Small Business Economics,2006,26(1):1-24.

Segovia M,Gonzalez A V. Exploration of the geography of innovation in Mexico through the analysis of spatial data[J]. Trimestre Economico,2014,81(322):517-544.

Smith V,Broberg A L,Overgaardt J. Does location matter for firms' R&D behaviour? Empirical evidence for Danish firms[J]. Regional Studies,2002,36(8):825-832.

Vasicek B. Spatial economics and spatial externalities: a survey of theory and emprics[J]. Politicka Ekonomie,2008,56(5):684-708.

Widodo W,Salim R,Bloch H. The effects of agglomeration economies on technical efficiency of manufacturing firms: evidence from Indonesia[J]. Applied Economics,2015,47(31):3258-3275.

附录1 长江中游城市群创新能力影响因素的相关数据

城市群	城市	2014年 专利授权量（件）	2013年 人均GDP（元）	市本级财政科技支出（万元）	公共财政支出总额（亿元）	科技支出占财政支出比重（%）	实际使用FDI（万美元）	第三产业产值（亿元）	第三产业占GDP比重（%）
武汉城市圈	武汉	16 294	88 564.29	315 967	11 228 800	2.81	404 000.6	4319.7	47.72
	黄石	821	46 708.79	4833	1 507 900	0.32	49 000	347.62	30.44
	黄冈	913	21 314.32	3824	3 051 600	0.13	6749	454.48	34.11
	孝感	1136	25 529.16	22 926	2 279 000	1.01	27 518	393.49	31.76
	咸宁	502	35 094.97	20 800	1 581 400	1.32	24 674	286.12	32.81
	仙桃	285	42 558.87	8110	500 800	1.62	7981	155.34	30.80
	天门	239	28 331.26	2840	465 300	0.61	3331	100.85	27.62
	鄂州	237	59 691.58	2934	708 700	0.41	16 202	177.35	28.11
	潜江	117	51 732.47	492.45	468 000	0.11	4802	136.73	27.75
	襄阳	1747	50 329.45	12 780	3 648 700	0.35	53 746	816.16	29.00
	宜昌	2353	68 761.93	14 000	3 644 400	0.38	27 002	788.35	27.97
	荆州	984	23 259.05	6400	2 559 200	0.25	10824	419.64	31.44
	荆门	751	41 653.16	22 983	1 587 900	1.45	26 275	360.38	29.97
环鄱阳湖经济圈	南昌	4411	64 349.95	15 095	4 193 652	0.36	211 657	1328.3	39.82
	九江	1137	33 443.23	34 491	3 382 022	1.02	123 107	573.44	35.80
	景德镇	535	42 005.56	11 418	1 358 864	0.84	14 042	231.51	34.03
	鹰潭	582	48 443.76	2768	1 004 526	0.28	19 219	162.55	29.37
	吉安	1111	23 096.05	51 203	2 852 905	1.79	68 427	351.08	31.24
	新余	727	73 128.25	5307	1 270 558	0.42	31 414	303.75	35.94
	宜春	1187	25 322.12	4240	3 048 682	0.14	53 208	407.47	29.38
	抚州	899	23 739.15	23 000	2 276 705	1.01	22 089	288.14	30.63
	上饶	733	21 061.25	3276	3 562 046	0.09	75 733	478.72	34.16
	萍乡	342	42 430.51	3548	1 496 007	0.24	25 486	268.31	33.61

续附录1

城市群	城市	2014年 专利授权量(件)	2013年 人均GDP(元)	市本级财政科技支出(万元)	公共财政支出总额(亿元)	科技支出占财政支出比重(%)	实际使用FDI(万美元)	第三产业产值(亿元)	第三产业占GDP比重(%)
长株潭城市群	长沙	11 449	99 054.62	119 700	7 018 238	1.71	340 043	2911.61	40.70
	娄底	893	29 165.34	2538	1 891 627	0.13	23 761	351.01	31.39
	衡阳	1547	30 030.18	19 213	3 642 848	0.53	76 215	791.61	36.49
	岳阳	1306	43 812.02	30 000	2 799 881	1.07	27 503	825.68	33.90
	常德	1109	39 169.55	25 361	3 173 846	0.80	50 785	838.67	37.03
	益阳	1049	25 683.87	3203	2 006 409	0.16	16 979	401.81	35.78
	株洲	3306	49 540.79	14 655	2 597 452	0.56	69 314	623.02	31.96
	湘潭	1883	51 537.86	14 832	1 834 191	0.81	69 693	470.27	32.59
江淮城市群	合肥	12 722	61 396.79	260 165	6 308 509	4.12	189 021	1841.95	39.42
	蚌埠	3171	31 299.69	72 384	1 914 991	3.78	96 830	319.81	31.73
	六安	2118	17 777.93	26 512	2 860 000	0.93	30 403	322.56	31.93
	马鞍山	3066	58 560.69	60 893	2 025 888	3.01	147 895	379.25	29.33
	安庆	2456	26 533.96	55 834	2 797 223	2.00	45 178	450.41	31.76
	铜陵	1474	92 471.47	48 551	1 005 932	4.83	40 310	174.64	25.66
	芜湖	8934	58 385.15	263 329	3 196 317	8.24	160 548	582.7	27.75
	宣城	2677	32 883.34	68 173	2 051 803	3.32	57 303	280.05	33.23
	滁州	3053	27 413.93	34 755	2 508 733	1.39	72 596	302.33	27.84
	池州	1137	32 507.03	17 887	1 306 761	1.37	26 208	169.26	36.62
	淮南	2072	34 764.11	32 914	1 686 273	1.95	23 914	244.74	29.87

附录2 2006—2014年长江中游城市群专利授权量与常住人口统计数据

城市群	城市	2014年			2013年			2012年		
		专利授权量（件）	常住人口数（万人）	每十万人专利授权量（件）	专利授权量（件）	常住人口数（万人）	每十万人专利授权量（件）	专利授权量（件）	常住人口数（万人）	每十万人专利授权量（件）
武汉城市圈	武汉	16 294	1033.8	157.61	15 856	1022	155.15	13 674	1012	135.12
	黄石	821	242.93	33.80	1142	244.5	46.71	1073	244.07	43.96
	黄冈	913	626.25	14.58	831	625.19	13.29	597	623.19	9.58
	孝感	1136	486.13	23.37	990	485.3	20.40	780	483.31	16.14
	咸宁	502	248.92	20.17	362	248.5	14.57	288	247.5	11.64
	仙桃	285	116.6	24.44	281	118.49	23.72	141	118.49	11.90
	天门	239	136.9	17.46	216	128.9	16.76	380	133.9	28.38
	鄂州	237	105.88	22.38	221	105.7	20.91	176	105.35	16.71
	潜江	117	95.44	12.26	221	95.24	23.20	124	95.04	13.05
	襄阳	1747	560	31.20	2064	559.12	36.92	1719	555.14	30.97
	宜昌	2353	410.45	57.33	2907	409.83	70.93	2537	408.83	62.06
	荆州	984	574.42	17.13	1004	573.94	17.49	866	571.94	15.14
	荆门	751	288.91	25.99	828	288.72	28.68	457	288.52	15.84
环鄱阳湖经济圈	南昌	4411	524.02	84.18	3380	518.42	65.20	3002	513.16	58.50
	九江	1137	480.69	23.65	880	478.94	18.37	725	477.31	15.19
	景德镇	535	162.98	32.83	396	161.95	24.45	363	161	22.55
	鹰潭	582	114.76	50.71	212	114.25	18.56	287	113.8	25.22
	吉安	1111	488.12	22.76	659	486.62	13.54	445	485.36	9.17
	新余	727	116.08	62.63	371	115.56	32.10	349	115.1	30.32
	宜春	1187	549.33	21.61	864	547.69	15.77	629	546.46	11.51
	抚州	899	397.66	22.61	550	396.24	13.88	375	394.89	9.50
	上饶	733	668.8	10.96	564	665.35	8.48	421	663.31	6.35
	萍乡	342	189	18.10	395	188.15	20.99	279	187.4	14.89

续附录 2

城市群	城市	2014 年			2013 年			2012 年		
		专利授权量（件）	常住人口数（万人）	每十万人专利授权量（件）	专利授权量（件）	常住人口数（万人）	每十万人专利授权量（件）	专利授权量（件）	常住人口数（万人）	每十万人专利授权量（件）
长株潭城市群	长沙	11 449	731.15	156.59	10 362	722.14	143.49	10 382	714.66	145.27
	娄底	893	444.88	20.07	811	383.39	21.15	873	381.21	22.90
	衡阳	1547	730.34	21.18	1590	722.42	22.01	867	718.21	12.07
	岳阳	1306	559.51	23.34	1164	555.9	20.94	1203	552.31	21.78
	常德	1109	583.08	19.02	1213	578.24	20.98	1187	547.63	21.68
	益阳	1049	439.15	23.89	965	437.29	22.07	947	432.84	21.88
	株洲	3306	396.1	83.46	2780	393.5	70.65	2636	390.7	67.47
	湘潭	1883	281.3	66.94	1903	280	67.96	2144	278.1	77.09
江淮城市群	合肥	12 722	769.6	165.31	11 487	761.1	150.93	9639	757.2	127.30
	蚌埠	3171	325.8	97.33	3409	322	105.87	3457	318.3	108.61
	六安	2118	572.5	37.00	2656	568.3	46.74	1813	565.1	32.08
	马鞍山	3066	222.9	137.55	4127	220.8	186.91	2293	219.5	104.46
	安庆	2456	537.6	45.68	1394	534.5	26.08	934	532	17.56
	铜陵	1474	73.8	199.73	1972	73.6	267.93	1658	73.4	225.89
	芜湖	8934	361.7	247.00	9256	359.6	257.40	10 408	357.8	290.89
	宣城	2677	257.4	104.00	2332	256.3	90.99	2142	255.6	83.80
	滁州	3053	398.5	76.61	3013	396.2	76.05	2969	394.5	75.26
	池州	1137	143	79.51	1115	142.2	78.41	850	141.9	59.90
	淮南	2072	237.5	87.24	1735	235.7	73.61	2038	233.9	87.13

续附录2

城市群	城市	2011年			2010年			2009年		
		专利授权量（件）	常住人口数（万人）	每十万人专利授权量（件）	专利授权量（件）	常住人口数（万人）	每十万人专利授权量（件）	专利授权量（件）	常住人口数（万人）	每十万人专利授权量（件）
武汉城市圈	武汉	11 589	1002	115.66	10 165	978.54	103.88	6853	910	75.31
	黄石	835	243.46	34.30	621	242.93	25.56	433	242.61	17.85
	黄冈	575	621.04	9.26	501	616.21	8.13	343	668.64	5.13
	孝感	581	482.49	12.04	490	481.45	10.18	271	468.37	5.79
	咸宁	309	246.79	12.52	236	246.26	9.58	234	251.63	9.30
	仙桃	124	118.26	10.49	177	117.51	15.06	65	123.3	5.27
	天门	351	136.9	25.64	99	141.89	6.98	63	137.13	4.59
	鄂州	154	105.1	14.65	175	104.87	16.69	133	103.49	12.85
	潜江	63	94.83	6.64	100	94.63	10.57	67	93.76	7.15
	襄阳	1253	552.72	22.67	1588	550.03	28.87	965	544.61	17.72
	宜昌	1393	406.85	34.24	1273	405.97	31.36	657	404.55	16.24
	荆州	572	570.4	10.03	606	569.17	10.65	439	585.4	7.50
	荆门	321	287.99	11.15	330	287.37	11.48	195	285.03	6.84
环鄱阳湖经济圈	南昌	2008	507.11	39.60	1636	504.26	32.44	1156	464.89	24.87
	九江	491	476.27	10.31	339	472.88	7.17	242	477.24	5.07
	景德镇	319	159.94	19.94	284	158.75	17.89	175	157.66	11.10
	鹰潭	273	113.4	24.07	191	112.49	16.98	166	111.54	14.88
	吉安	349	484.29	7.21	259	481.03	5.38	128	483.02	2.65
	新余	223	114.7	19.44	157	113.89	13.79	127	114.03	11.14
	宜春	542	545.28	9.94	432	541.96	7.97	402	548.43	7.33
	抚州	215	393.78	5.46	181	391.23	4.63	140	390.57	3.58
	上饶	242	662.35	3.65	303	657.97	4.61	137	654	2.09
	萍乡	223	186.75	11.94	155	185.45	8.36	108	186.42	5.79

续附录 2

城市群	城市	2011 年			2010 年			2009 年		
		专利授权量（件）	常住人口数（万人）	每十万人专利授权量(件)	专利授权量（件）	常住人口数（万人）	每十万人专利授权量(件)	专利授权量（件）	常住人口数（万人）	每十万人专利授权量(件)
长株潭城市群	长沙	6702	709.07	94.52	6209	704.41	88.14	3756	664.22	56.55
	娄底	540	379.32	14.24	459	378.56	12.12	266	394.18	6.75
	衡阳	920	712.54	12.91	665	714.15	9.31	287	676.37	4.24
	岳阳	881	548.53	16.06	560	547.79	10.22	369	519.56	7.10
	常德	900	573.26	15.70	772	571.72	13.50	314	550.85	5.70
	益阳	569	431.44	13.19	445	431.31	10.32	292	421.7	6.92
	株洲	1840	388.1	47.41	1680	385.56	43.57	1112	373.4	29.78
	湘潭	1525	276.45	55.16	1113	274.86	40.49	729	277.88	26.23
江淮城市群	合肥	10437	752.1	138.77	4007	570.8	70.20	2304	510	45.18
	蚌埠	2219	317.6	69.87	929	316.9	29.32	432	321	13.46
	六安	1098	563.6	19.48	436	561.8	7.76	158	606	2.61
	马鞍山	1210	218.8	55.30	836	136.7	61.16	372	129	28.84
	安庆	587	530.6	11.06	366	531.5	6.89	256	558	4.59
	铜陵	758	73.13	103.65	749	72.4	103.45	232	74	31.35
	芜湖	7267	356.6	203.79	3884	226.4	171.55	2695	230	117.17
	宣城	2285	254.7	89.71	881	253.4	34.77	354	258	13.72
	滁州	2111	393.1	53.70	1037	394.1	26.31	439	411	10.68
	池州	521	141.4	36.85	248	140.3	17.68	50	142	3.52
	淮南	870	233.1	37.32	690	233.7	29.53	308	230	13.39

续附录 2

城市群	城市	2008年			2007年			2006年		
		专利授权量(件)	常住人口数(万人)	每十万人专利授权量(件)	专利授权量(件)	常住人口数(万人)	每十万人专利授权量(件)	专利授权量(件)	常住人口数(万人)	每十万人专利授权量(件)
武汉城市圈	武汉	5329	897	59.41	4044	891	45.39	2855	875	32.63
	黄石	160	242.2	6.61	221	241.9	9.14	159	239	6.65
	黄冈	185	667.5	2.77	152	666.7	2.28	69	668.7	1.03
	孝感	181	467.6	3.87	141	466.5	3.02	114	466.6	2.44
	咸宁	122	251.2	4.86	81	250.6	3.23	48	251.5	1.91
	仙桃	67	135.3	4.95	44	136.4	3.23	34	137.4	2.47
	天门	49	136.9	3.58	42	137.6	3.05	32	139.5	2.29
	鄂州	73	103.3	7.07	80	103.1	7.76	50	102.9	4.86
	潜江	43	93.6	4.59	45	93.9	4.79	37	94.2	3.93
	襄阳	750	543.7	13.79	535	542.5	9.86	427	543.6	7.86
	宜昌	472	403.9	11.69	440	403	10.92	680	403.6	16.85
	荆州	310	584.4	5.30	244	584.1	4.18	240	586.1	4.09
	荆门	219	284.5	7.70	194	283.9	6.83	339	283.8	11.95
环鄱阳湖经济圈	南昌	869	461.52	18.83	777	458.06	16.96	662	454.54	14.56
	九江	243	475.56	5.11	143	472.17	3.03	101	467.64	2.16
	景德镇	149	156.52	9.52	116	156.8	7.40	53	153.62	3.45
	鹰潭	240	110.74	21.67	110	110.27	9.98	71	108.5	6.54
	吉安	96	479.49	2.00	85	475.96	1.79	75	472.73	1.59
	新余	63	113.26	5.56	70	112.58	6.22	51	111.91	4.56
	宜春	255	544.46	4.68	218	540.61	4.03	181	537.42	3.37
	抚州	85	387.74	2.19	115	385.09	2.99	80	383.78	2.08
	上饶	94	648.99	1.45	70	644	1.09	68	639.6	1.06
	萍乡	100	185.16	5.40	120	183.97	6.52	72	182.92	3.94

续附录 2

城市群	城市	2008 年			2007 年			2006 年		
		专利授权量（件）	常住人口数（万人）	每十万人专利授权量（件）	专利授权量（件）	常住人口数（万人）	每十万人专利授权量（件）	专利授权量（件）	常住人口数（万人）	每十万人专利授权量（件）
长株潭城市群	长沙	2807	645.14	43.51	2432	637.36	38.16	3100	628.8	49.30
	娄底	264	392.19	6.73	265	390.1	6.79	160	387.3	4.13
	衡阳	281	674	4.17	255	670.23	3.80	112	670	1.67
	岳阳	228	516.46	4.41	253	513.77	4.92	88	511.75	1.72
	常德	294	551.86	5.33	267	543.42	4.91	220	542.69	4.05
	益阳	193	419.2	4.60	133	417.4	3.19	50	416.2	1.20
	株洲	751	371	20.24	669	369.6	18.10	247	367.4	6.72
	湘潭	501	276.6	18.11	519	274.05	18.94	207	273.18	7.58
江淮城市群	合肥	1307	501	26.09	1083	478.9	22.61	759	469.85	16.15
	蚌埠	194	358.31	5.41	199	355.27	5.60	154	352.1	4.37
	六安	104	609	1.71	122	609	2.00	104	610	1.70
	马鞍山	230	128.1	17.95	164	127.32	12.88	153	126.1	12.13
	安庆	134	559.5	2.39	140	562.5	2.49	98	565	1.73
	铜陵	101	72.5	13.93	79	72	10.97	40	71	5.63
	芜湖	1006	230.7	43.61	702	229.7	30.56	194	227.9	8.51
	宣城	141	258.2	5.46	101	258	3.91	70	257	2.72
	滁州	164	412	3.98	123	410.5	3.00	99	408	2.43
	池州	28	136	2.06	24	136	1.76	27	130	2.08
	淮南	193	229	8.43	119	229	5.20	74	228	3.25